日本型組織のドミノ崩壊はなぜ始まったか

太田 肇

Ohta Hajime

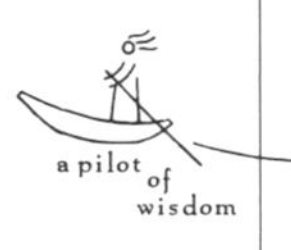

はじめに

今世紀に入ってから、私たちの生活や働き方を根本から見直すきっかけになった年が二度あった。最初は、東日本大震災の発生した二〇一一年。未曽有の大被害を受け、経済的な成功や出世といった、それまで暗黙のうちに受け入れていた価値観を疑い、家族や友人、人々の絆(きずな)の大切さを再認識する人が増えた。つぎは、コロナ禍に見舞われた二〇二〇年。人々は通勤や通学をはじめ日常的な外出を突然自粛させられ、会社、学校、家庭などとの関わり方を否応なく変えなければならなくなった。

そして二〇二三年。先の二つほど目立たないものの、もしかしたら日本人の組織や仕事・活動に対する関わり方が変わる節目になった年として歴史に刻まれるかもしれない。

丸三年に及ぶコロナ下の自粛生活がようやく終わりを告げようとしたこの年、社会が動き始めるのを待ち構えていたかのように、大きな組織スキャンダルがつぎつぎと世間を騒がせた。

まず芸能界。三月にイギリスＢＢＣのドキュメンタリー番組が放映されたのをきっかけに、旧ジャニーズ事務所の創業者、故ジャニー喜多川氏の驚くほど大規模な性加害が表面化した。やがて事件を見過ごしてきたマスコミの倫理的責任まで追及される大きな社会問題になり、半世紀以上にわたり隆盛を誇ったジャニーズの名は地に落ち、事務所は新たな名称とともに険しい再生への道を歩むことになった。

それに先立つ一月には、宝塚歌劇団宙（そら）組でのいじめが週刊誌で報じられ、九月末には団員が自殺している。同じく伝統を誇る歌舞伎の世界では、五月に市川猿之助の一家心中というショッキングな事件が起きた。猿之助のハラスメントを週刊誌で報じられたことが動機だったといわれ、ベールに包まれた梨園の舞台裏にひそむ別世界が垣間（かいま）見えた。

スポーツに関わる組織では、七月に日本大学のアメリカンフットボール部の寮から大麻が発見され、それがきっかけで大学組織のガバナンス不全が批判にさらされることになり、とうとう伝統を誇る強豪アメフト部の廃止にまで発展した。年が替わり二〇二四年二月には、大相撲宮城野部屋の幕内力士が複数の弟子に暴力をふるっていた事実が判明し、適切な対処を怠ったとして元横綱白鵬（はくほう）の宮城野親方が降格の処分を受けるとともに、部屋は閉鎖へと追い込まれた。

いっぽう大企業では二〇二三年四月に自動車メーカー、ダイハツ工業の認証試験における不正が発覚し、七月には中古車販売大手のビッグモーターで創業者一族によるパワハラのほか、保険金の不正請求が保険会社を巻き込んで行われていたことが明らかになった。

そして政界では一一月に自民党の派閥による政治資金パーティーをとおした裏金づくりが告発され、責任者の逮捕、派閥のいっせい解体、安倍派幹部の離党勧告をはじめとする大量処分へと発展していった。

いま振り返ると、これらは序章に過ぎなかったようだ。翌二〇二四年以降に発生した兵庫県知事による内部告発抑圧疑惑、東京女子医科大学の資金不正支出と元理事長の逮捕。そしてタレントの中居正広氏による性加害問題に対するフジテレビの不適切な関与の疑い。いずれも不祥事の構図は二〇二三年に発生したものと酷似していて、一種の「デジャブ感」さえ漂う。

こうした不祥事が起きるたびに、世間の厳しい目は組織のトップに向けられる。あるいは日本の組織の体質に原因があると指摘される。そして経営者や責任者は判を押したように組織の体質改善と管理の徹底を口にする。たしかに直接の原因が組織やマネジメントにあることは否定できないし、改革の責任を負うトップとしても、そこに何らかの手を打たざるを得ない。

しかし、私たちはもう一歩踏み込んで考えてみる必要がある。そこで浮かびあがる大きな疑問は、「なぜいまになって巨大組織が崩壊するような出来事が立て続けに発生したか」である。もしかしたら根底には何か大きな構造変化が起きているのではなかろうか。だとしたら、これまでの延長線上で対策を講じても根本的な解決にはならない。

私が注目するのは事件を起こした組織の社員や部員、タレントなど、事件には直接関わっていない大多数の組織メンバーの態度や行動が急速に変わりつつあることだ。その原因は、彼らを取り巻く社会環境の変化である。つまり、ある意味においてメンバーが安定した地位と待遇を享受するようになり、それが皮肉にも組織や権力者の暴走を招いてしまったのである。

さらに見逃せない点は、同じような変化が私たちの身近な組織、たとえば職場、学校、PTA、町内会、家庭などにも押し寄せていることだ。そして私たち一人ひとりが、所属する組織に対して、問題を起こした組織と同じような態度を取ろうとしている。マスコミを騒がせた事件や不祥事、そして組織の崩壊現象はけっして他人事（ひとごと）、対岸の火事ではすまされないのである。

本書では組織を構成する人々に焦点を当て、あらゆる日本の組織に共通する決定的な弱点をあぶり出す。そのうえで、これまでのようなマイナーチェンジや対症療法の繰り返しではなく、組織の原点に返って、大胆な、しかし理にかなった組織づくりを提言する。マイナーチェンジや対症療法はたとえ一時的に効果をあげても、やがて元に戻ってしまうことを私たちは嫌というほど見てきた。ＡＩをはじめとしたデジタル革命は、モデルチェンジ（抜本的な改革）の強力な援軍となるに違いない。古い組織が時代の洗礼を受け、デジタル化の波が想像を絶する速さで押し寄せているいまこそ、新たな組織につくり替える千載一遇のチャンスである。

第1章では、二〇二三年に発覚し、大きなスキャンダルを引き起こした各種組織を三つのタイプに分ける。そのうえで共通する日本型組織の特徴を示すとともに、それがなぜ組織を崩壊の危機に追い込む原因になったかを明らかにする。

第2章では、かつて模範的とされた日本型組織が一転して、なぜいま問題点を露呈するようになったのかを述べる。

第3章では、私たちにとって身近な職場や地域の組織、学校、家庭などもまた同様の問題点を抱えており、しかも個人にとってはいっそうリスクが大きいことを指摘する。

そして第4章では、賞味期限の切れた日本型組織を修正するのではなく、組織の原点に返って一からつくり直すための大胆な改革案を提示する。

スキャンダルや不祥事が起きるたびにモラルの欠如を嘆き、「犯人」を血祭りに上げるだけでは崩壊の連鎖は止まらない。問題の根底にある組織の「構造」にメスを入れ、新たな構造に取り替えるストーリーにお付き合いいただきたい。

目次

第3章　身近な組織に迫る危機

図版作成／ＭＯＴＨＥＲ

第1章　二〇二三年　崩れ始めた支配構造

1 〈絶対君主型〉ジャニーズ、ビッグモーター……

華やかな世界の裏に隠された魔の手――ジャニーズ事務所

郷ひろみ、少年隊、木村拓哉、嵐、関ジャニ∞（現SUPER EIGHT）……。芸能界にあまり興味のない人でも彼らの名前くらいは知っているだろう。NHKの紅白歌合戦でも、近年はジャニーズ事務所所属タレントが白組出演者の一角を占めていた。まさにジャニーズありきだったともいえよう。ところが二〇二三年の紅白歌合戦は一転してジャニーズ事務所からの出演がゼロになり、民放のCMからもジャニーズのタレントはことごとく閉め出された。

二〇二三年に起きた組織崩壊や組織を揺るがすスキャンダルの連鎖。その口火を切ったのは、ジャニーズ事務所の創設者、故ジャニー喜多川氏（以下「ジャニー氏」と呼ぶ）による性加害問題である。

ジャニー氏によるタレントの少年たちに対する性加害が大きな社会問題になったのは、

二〇二三年三月にイギリスのBBCがこの問題を取りあげ、日本に配信されたのがきっかけだった。外部専門家チームが二〇二三年八月に公表した調査報告書（外部専門家による再発防止特別チーム調査報告書、二〇二三年八月二九日）によると、ジャニー氏による性加害は五〇年以上の長期にわたって常習的に行われ、被害者は少なく見積もっても数百人に及ぶという。少年たちへの加害行為は合宿所などで続けられ、事務所はそれを認識していたにもかかわらず「見て見ぬふり」をしてきた。

これだけ長期にわたって加害行為が続けられた背景には、ジャニーズ事務所の代表取締役社長でもあったジャニー氏の絶対的な権力があり、彼は芸能プロデューサーとしてジャニーズjr.の採用からデビュー、プロデュースまで決定するなど、まさに生殺与奪の権を一手に握っていた。またジャニー氏の姉であるメリー氏はジャニー氏の性加害を認識しつつ、事務所を守るために事実の積極的な調査をしないばかりか、隠蔽し続けてきた。

創業者が圧倒的な権力を握り、ほかの取締役など関係者による牽制（けんせい）が実際上効かない同族経営の弊害が出ていると同報告書は述べている。さらに報告書ではマスコミの責任にも言及し、日本におけるトップエンターテインメント企業であるジャニーズ事務所の性加害を取りあげて報道すると、自社のテレビ番組に出演させたり雑誌に掲載したりできなくなるのではないかと危惧し、報道を控えたのではないかと指摘している。

そこには創業家による絶対的な権力と、従属せざるを得ない被害者ならびに周囲の人たちという、あまりにも偏った力関係の構図が見て取れる。同時に業界の特性からくる力関係の落差は、程度の違いはあるにせよジャニーズ事務所以外にも存在するといえる。実際、ジャニーズの件を受け、評論家の荻上(おぎうえ)チキ氏が所長を務める一般社団法人「社会調査支援機構チキラボ」が、二〇二三年一一月から二〇二四年一月にかけて芸能や報道分野、メディア分野に仕事として携わるすべての人を対象に行った調査では、分析対象者二五五人のうち一三一人が「セクハラや性暴力の被害を受けたことがある」と答え、「出演・取引の禁止(いわゆる「干す」)などの『圧力』をかけられたことがある」という人も一二三人にのぼった(芸能・メディア分野におけるハラスメントや圧力問題についての実態調査報告書、二〇二四年二月一四日)。

明るく華やかな世界の裏側には、暗い闇の部分が広がっているのかもしれない。

ワンマン経営者への過剰な忖度(そんたく)——ビッグモーター

同じ年の七月に発覚した中古車販売大手、ビッグモーターの保険金不正請求もまた創業者による同族企業で発生したものだ。

　同社の一部工場では損害保険会社に保険金を請求するに際し、ヘッドライトのカバーを割る、ドライバーで車体をひっかいて傷つける、ゴルフボールを靴下に入れて振り回し車体を叩くなどして車体の損傷が行われてきた。また自動車のフレームを機械で引っぱって修理する「タワー牽引」を偽装したり、不要な鈑金作業や部品交換を行ったりするなどして、不適切な保険金請求がなされてきた（特別調査委員会調査報告書、二〇二三年六月二六日）。

　国土交通省の関係者によると法令違反が確認された工場は一二〇を超えると見られ、ほぼすべての工場で不正行為が行われていた（二〇二四年三月七日付「日本経済新聞」）。そこには法令を遵守する姿勢のかけらも見られない。まさにやりたい放題である。

　背景には、やはりワンマン経営者と一族の存在がある。同社は創業者の兼重宏行前社長が一代で中古車販売大手の会社に育てあげた。その過程では徹底した利益優先の体制が敷かれ、だれも経営陣に逆らえない圧力があったとされる。

　たとえば成績不良の工場長は、社長の判断で一方的に降格処分を受けるようなことが頻繁に行われていたといわれる。日常的なパワハラの横行や、「環境整備のため」という理由から街路樹に除草剤を撒いて枯らすなどの行為からは、利益追求のために手段を選ばない同社の体質が鮮明に表れている。

特別調査委員会が自動車鈑金・塗装事業を所掌する本部、見積もりおよび協定を専門的に行う部門などの従業員を対象に行った調査でも、会社で不適切な保険金の請求につながる不正な作業が行われた原因として、回答者三八二一人中、二六一一人（六八・三％）が「会社が売上向上を最優先としていた」、一六七人（四三・七％）が「上司からの不正な指示に逆らえない雰囲気があった」ことをあげている（前掲、特別調査委員会調査報告書）。トップの恐怖政治が、社員をまるで操り人形のように不正な利益追求へ駆り立てていたのだ。

さらに同社の不正請求には損害保険会社も関わっており、とくに損保ジャパンはビッグモーターへの出向者が不正請求の可能性を認識し、報告していたにもかかわらず適切な対応を取らなかった。

要するに不正の背景には、事故車両の修理をたくさん紹介してほしい中古車販売会社と、保険の代理店である中古車販売会社をとおして保険加入を多く取りたい保険会社という「持ちつ持たれつ」の関係があり、それが不正の温床になったわけである。一企業の外部に共存共栄の関係者が存在し、それが問題を拡大してしまったという点では、ジャニー氏の性加害におけるマスコミの存在と共通しており、後述するような構造的問題がそこにあるといえよう。

正義よりトップの意向を優先

「会社が大きくなり社員が三〇人を超えると、自分で社員を掌握できなくなる」

創業者の多くが異口同音にそう語る。「三〇人」というのはあくまでも経験にもとづく感覚的な数字であり、客観的な根拠はなさそうだが、それくらいの規模になると社長は全社員と頻繁にコミュニケーションを取ることができないし、一人ひとりの個性や考えていることを把握するのが難しくなる。

そこで社長は自分の意思で会社を動かすため、自分に忠実な者を側近にすえる。側近たちもまた、トップの立場や意向を忖度して行動できる者を管理職に就ける。すると社員も上司の顔色をうかがいながら仕事をするようになる。とりわけトップに卓越した能力や実績があり、人間的にもそれなりに惹(ひ)きつける力を備えている場合には、組織全体がトップの色、一色に染まっていく。

加えてトップが強烈な権力欲や野心の持ち主である場合には、一種の恐怖政治が敷かれ、組織のメンバーは社会的な正義や常識よりも、トップの意向を優先して行動するようになってしまう。気がつけばトップが期待した以上に過剰な忖度と、徹底した上意下達によって運営される体制になっているケースが多い。

もちろん、それは営利企業にかぎらないし、トップが創業者の場合ともかぎらない。

名門チームの背後に大学組織の闇——日大アメフト部

二〇二三年七月、日本大学で発生した大麻事件。アメリカンフットボール部の学生寮で大麻と見られる植物片が発見されたにもかかわらず、大学側はしばらくの間、警察に届けることを怠り、理事会などで情報共有されるまでにも時間がかかるなど隠蔽体質が批判された。その後の大学による対応も後手後手に回り、アメリカンフットボール部の廃止という、ある意味で最悪に近い結末を迎えた。

遡ること五年、二〇一八年には日本大学アメリカンフットボール部の選手が関西学院大学との定期戦で関学の選手に危険な反則タックルを行い、負傷させた。学生アメリカンフットボールの世界では日本を代表する名門チームの不祥事だけに、勝利至上主義の体質に世間の厳しい目が向けられたものだ。とくにこの件では加害選手が、当時の内田正人監督やコーチから指示を受けていたとして、監督やコーチの責任が厳しく追及された。

当時、アメリカンフットボール部では内田氏による独裁体制のもとで厳しい練習が課され、加害選手を精神的に追い込むなどパワハラがあったと評価されている（日本大学アメリカンフットボール部における反則行為に関する第三者委員会最終報告書、二〇一八年七月三〇日）。

ここでも注目されるのは外縁の広がり、すなわち不祥事に直接関わった組織の外側にあるものの影響である。

アメリカンフットボール部をめぐる問題の背景にある要因として、長年にわたり学校法人の最高責任者の地位にあったワンマン的実力者、故田中英壽（ひでとし）元理事長の存在が指摘されている。最終報告書では、「田中理事長は（略）内田氏による体育局の支配、保体審（注：日本大学保健体育審議会。体育局は保体審の事務局の日本大学での呼称）の形骸化、日大アメフト部の独裁体制を可能とする人事を容認していた」と述べている。また常務理事などを兼務していた「内田前監督に物を言えるのは事実上理事長以外いなかった」ともいわれる（二〇一八年七月三一日付「朝日新聞」）。

田中氏といえば学生時代に学生横綱になったほか、三度のアマチュア横綱になるなどアマチュア相撲の世界で無類の強さを発揮した。その圧倒的な強さといい、風貌や貫禄（かんろく）といい、かつて大相撲の横綱で後に日本相撲協会理事長を務めた北の湖（きたのうみ）と重なるイメージがあった。田中氏はそうした実績と存在感から学内に大きな影響力をおよぼし、田中氏を中心に形成された組織風土が日本大学で発生した数々の不祥事の温床になったといわれている。

このように不祥事に直接関わった者の背後には多くの場合、自分の手を汚さず陰で糸を引いたり、間接的に不祥事の手助けをしたりする者（あるいは組織）の存在がある。そこまで視野に入れて全貌をつかまないかぎり、効果的な対策も打てない。

2 〈官僚制型〉ダイハツ、三菱電機、東芝、自民党派閥……

ブラックボックス化した組織風土――ダイハツ工業

大企業のなかにはパナソニックやソニーのように、カリスマ的な企業家がつくった組織が成長し、巨大企業として今日にいたるまで存在し続けているケースが少なくない。いっぽう、創業者の影は薄く、いわば内発的に強固な組織が形成され、独り歩きしているケースもある。それが官僚制組織である。

官僚制はもともと官庁の組織だが、民間企業や政治の世界でも同様のメカニズムで発達し、局面が変わると、こんどは内発的すなわち内側からのほころびによって組織崩壊の危機に立たされる場合がある。

その一つが、二〇二三年四月に発覚した自動車メーカー、ダイハツ工業の認証試験不正問題である。

同社では同年四月に四車種で認証不正があったことを公表し、社内調査の結果さらに二車種についても不正があったことを五月に公表した。

同年一二月に提出された第三者委員会の報告書によると、四月、五月に公表された件以外にも、衝突時のエアバッグ作動をエアバッグのセンサーではなくタイマー着火させる方法で試験実施したり、試験成績書の燃料注入量欄に試験データとは異なる虚偽の情報を記載して認証申請を行ったりするなど、新たに六四車種・計二五試験項目、一七四件に及ぶ不正を行っていたことが明らかになった。

一九〇七年に内燃機関の国産化を目指して設立されたダイハツ工業は、軽自動車の販売台数では二〇二二年まで一七年連続で首位の座を維持した、日本を代表する軽自動車メーカーである。なお同社は二〇一六年からトヨタ自動車の完全子会社になっている。そのダイハツ工業で大規模な不正が行われていたのだ。

不正が行われた原因や背景として、タイトで硬直的な開発スケジュールによる極度のプレッシャー、現場任せで管理職が関与しない態勢、不正やごまかしを行ってもみつからないブラックボックス化した職場環境などがあげられている。

また真の原因として、踏み込んだ実態把握を行わないなどリスク感度の鈍かった経営幹部の責任を追及するとともに、つぎのような開発部門の組織風土が指摘された。

①現場と管理職の縦方向の乖離(かいり)に加え、部署間の横の連携やコミュニケーションも同様に不足していること。②「できて当たり前」の発想が強く、何か失敗があった場合には、部署や担当者に対する激しい叱責や非難がみられること。③全体的に人員不足の状態にあり、各従業員に余裕がなく自分の目の前の仕事をこなすことに精一杯であること（ダイハツ工業株式会社第三者委員会調査報告書、二〇二三年一二月二〇日）。

なお組織風土に関しては、国土交通省が二〇二四年に出した是正命令でも、上司への意見を抑圧する組織風土の一掃が求められている。

ここで指摘されている①や②、とりわけ①の組織風土こそ、世にいう「官僚制組織の逆機能」そのものである。

もう一つ注目しておきたいのは、海外開発プロジェクトが増えて、「まだまだ未熟な現地開発者をフォローしながらなんとか力業で乗り切った日程が実績となり、無茶苦茶な日程が標準となる」（前掲、第三者委員会調査報告書）という社員の言葉だ。これは次章で述べる問題の核心に直接関わる部分なので覚えておいてほしい。

さらにつけ加えておきたいのは、親会社であるトヨタ自動車との関係だ。前述したようにダイハツは二〇一六年にトヨタ自動車の完全子会社となったが、親会社であるトヨタ自動車や豊田自動織機などトヨタグループで二〇二三年以降、国の認証試験をめぐる不正がつぎつぎと発覚している。このことは企業グループそのものもまた一つの官僚制組織であり、そこでは不正の温床となる組織風土も共有されていることを強く印象づける。

犯人は〈人〉でなく制度？

一般に官僚制組織の特徴としては、階層が多く、階層間では権限の序列が明確なこと、仕事はルールにもとづいて行われること、部署によって役割が明確に分けられていることなどがあげられる。経営層と現場との意思疎通が不足しやすいし、現場の実情よりも、上で決められた目標やスケジュールが優先されがちになる。

〈官僚制型〉特有の加圧者の存在にも触れておかなければならない。〈絶対君主型〉では、圧倒的な存在感を示すトップに対する管理職の個人崇拝や恐怖が部下に圧力をかけるのに対し、〈官僚制型〉では在任中に業績を落とし評判を下げないことに執心するトップと、上司に忠実で制度や目標を最優先する多数のビューロクラット（官僚）が、部下に強い圧力をかける。組織の階層をまたぐ圧力の連鎖だ。実際に少なからぬ不祥事において、ビューロクラットの存在が見え隠れする。しかも組織の内外を隔てる厚い壁が内部を見えにくくし、不正の温床になることもある。

もともと合理性を追求する官僚制組織には、仕事の正確性や公平性といった利点があるが、ダイハツ工業の不祥事にはその弱点、すなわち「影」の面が色濃く表れているといえよう。なお、なぜ「影」の面が強く表れたかは後ほど解明することにしたい。

もっとも、それはダイハツ工業の特殊な体質だとは言いがたい。事実、今回の問題を受けて国土交通省が二〇二四年に実施した調査では、トヨタ、ヤマハ、マツダ、ホンダなど国内の主要メーカーから、車やバイクの性能試験で不正があったと報告されている。

自動車業界ではこれまでにも、大手メーカーがデータの改竄（かいざん）や不適切な測定などの不祥事を繰り返してきたが、原因となった組織の問題点は驚くほど似ている。

さらに、それは自動車業界特有の現象だともいえない。

二〇二三年四月、三菱電機は関係会社五社で計一二件の不正がみつかったと発表した。その多くは検査仕様や契約とは異なる検査が行われていたことである（当社関係会社における品質不適切行為に関する調査結果について、二〇二三年四月一四日）。

三菱電機では二〇二一年六月、鉄道車両用空調機器などの検査で長年にわたって不正が行われていたことが発覚し、その後の調査で累計一九七件の不正が発見されていた。不正の直接的な原因を生み出した真因として、内向きな組織風土の存在をあげている。

また調査報告書では「声を上げても助けてくれないという思いは、品質不正を申告することを躊躇（ためら）わせる理由となった」と指摘し、「言ったもん負け」の文化に対する対処も必要であると提言している（調査委員会調査報告書、二〇二二年一〇月二〇日）。

このように同社グループでは検査の不正が繰り返されており、そこにはやはり容易に変えられない官僚制組織の特徴がうかがえる。

そもそも日本での官僚制組織の起源は、明治初期の官庁に遡る。とりわけ公的機関や大企業にとっては組織の原初形態ともいえるものであり、歴史の古い企業ほど確固たる形で存在し続けている。それだけに伝統的な大企業ほど、〈官僚制型〉の組織不祥事が起きるリスクをはらんでいるといえよう。

二〇一五年に不適切な会計が発覚した東芝も、その代表的なケースである。同社では長年にわたり計二二四八億円にのぼる利益の水増しが行われていたことが判明し、金融庁から金融商品取引法にもとづき、七三億円余の課徴金納付命令を受けた。一八七五年創業で一五〇年近くの歴史を持ち、従業員も連結で一〇万人を超え、三菱電機と同様に日本を代表する大企業だが二〇二三年末、上場廃止に追い込まれた。

当時、東芝で唱えられた「チャレンジ」という言葉が話題になったように、同社の経営陣が過度に高い収益目標を設定し、達成するよう現場に強く迫った。それが不適切な会計処理を引き起こしたと指摘されている（第三者委員会調査報告書、二〇一五年七月二〇日）。

このように官僚制組織特有の、上からの組織的圧力が逃げ場のない現場従業員を追い詰め、不正に走らせたという構図は驚くほど似かよっている。また官僚制組織の本家本元である官公庁においても、財務省の公文書改竄問題、自衛隊の日報隠蔽問題など〈官僚制型〉の不祥事は続発している。ただ法律で守られているため、民間企業と違って崩壊・消滅のリスクが小さいだけである。

上意下達体制の末路——自民党派閥

二〇二三年に発生した伝統的組織ドミノ崩壊の波。それは政界にも押し寄せた。長年にわたって日本の政治を実質的に動かしてきた自由民主党（自民党）の派閥である。

同年一一月、自民党派閥の政治資金パーティーをめぐる裏金疑惑が明るみに出て、翌二〇二四年一月、安倍派、二階派、岸田派の会計責任者らが政治資金規正法違反の罪で起訴された。事件は政界を大きく揺るがし、「政治と金」の断ち切れない関係に対する世間の激しい反発もあって、六派閥のうち麻生（あそう）派を除く五派閥（本書執筆時）が解散を余儀なくされた。

自民党の派閥の歴史は、党が結成された一九五五年に遡る。その後、各派閥は総裁候補と目される領袖によって率いられ、実際に各派閥から党総裁を輩出してきた。当時の派閥組織は〈絶対君主型〉の性格が色濃かったようだ。しかし近年は選挙制度の改革もあって派閥の総裁候補擁立機能は弱まり、絶対的な権力者による支配というより、当選回数による序列がものを言う〈官僚制型〉組織としての性格が強まった。派閥解散の直接的なきっかけとなったパーティー券購入をめぐる不祥事には、前述した大企業における不祥事と同様、〈官僚制型〉組織の病理現象が鮮明に表れている。

同党の森山裕（ひろし）衆議院議員を座長とする調査チームによる自民党所属議員らに対しての

聴き取り調査では、派閥事務局から「収支報告書に記載しなくてよい」などの指示・説明があり、なかには「派閥において記載しないので、議員においても記載しないでもらいたい」と指示を受けた、という回答もあった。また若手議員からは、派閥に言われたら従わざるを得ないとの声が多く聞かれたという（聴き取り調査に関する報告書、二〇二四年二月一五日）。

上に対してもの言えぬ風土といい、密室でのやりとりといい、不祥事を起こした大企業とそっくりではないか。ただ党としての公認を与える政権や執行部が、議員の生殺与奪を握っているという事実に照らせば、派閥領袖の影響力が衰えたとはいえ、いまなお〈絶対君主型〉に近いという見方もできよう。

国民から選ばれた議員であるにもかかわらず、組織の論理に従い、トップの顔色を見ながら仕事をしなければならないところに構造的な問題がうかがえる。

3 〈伝統墨守型〉宝塚、大相撲……

「伝統維持」「人格形成」が生む独善──宝塚歌劇団

組織を崩壊の危機に陥れた背景に、〈絶対君主型〉は独裁的な権力を握るトップの存在があり、〈官僚制型〉では制度化された権限の序列構造があった。そしてもう一つ、どちらにも属さない第三のタイプがある。伝統の継承を大義名分、あるいは後ろ盾として堅固な上下関係が受け継がれる組織である。その伝統をかたくななまでに維持しようとする体制のなかで不祥事が起こり、組織を揺さぶる。それゆえ〈伝統墨守型〉と呼ぶことができよう。

二〇二三年一月、週刊誌での報道によって発覚した宝塚歌劇団におけるパワハラなどの問題は、その典型的な事例である。

宝塚歌劇団の宙組に属する俳優が、二〇二三年九月に自宅マンションから転落死していたことが判明。月二五〇時間を超える長時間労働や、上級生によるパワハラが原因にあると指摘された。劇団側は当初の調査でパワハラの存在を否定していたが、二〇二四年三月に一転してパワハラの存在を認め、遺族に謝罪した。

パワハラの有無をめぐって当初、劇団側と遺族側との間で意見が対立した。その背景には、「伝統」というものの存在があったと解釈されている。「宝塚音楽学校からの厳格な上下関係と、入団後も続く上級生からの厳しい指導という『伝統』があった。多くのOGが『芸の継承において必要なシステム』と口をそろえ、一一〇年の歴史を支えてきた面もある」(二〇二四年三月二九日付「読売新聞」)。しかし、時代の変化のなかで、「伝統」が必ずしも免罪符にはならなくなったと理解すべきだろう。

また団員が劇団内部の実態を外に話すのは「外部漏らし」といって怒鳴られたそうだ。そこには「内輪のことを外へ漏らすのを禁ずるのは当然」という、ある意味で確信犯的な態度がうかがえる。一般の企業なら社員の入れ替わりや人事異動があるし、顧客や取引先などを含め、ある程度は外部の目にさらされる。その点では民間企業の隠蔽体質以上に深刻な構造的問題が存在しているといえるのではなかろうか。さらに、後にも触れるように自分たちが選ばれたメンバーによる特殊な集団であるという、一種の「エリート意識」が口外を禁じ、そのルールを守ることに疑問を持たせなかった可能性もある。

ところで、興味深いことにジャニーズがミュージカル・グループとしての自立を目指すにあたって参考にしたのが宝塚だったといわれる(周東美材『「未熟さ」の系譜──宝塚からジャニーズまで』新潮選書、二〇二二年、一五二頁)。たしかに男女の違いがあるだけで、一〇代の少年少女を共同生活のなかで純粋培養し、芸能人としての活動機会を組織が一手に握るというシステムはうり二つだ。ジャニーズも宝塚も教育機関としての役割を担い、「歌と踊りのレッスンを通じて人格形成を目指」した（矢野利裕『ジャニーズと日本』講談社現代新書、二〇一六年、二七〜二八頁）という点は何とも皮肉だが。そして意図されていたか否かはともかく、結果的に問題の隠蔽につながるような慣行や風土まで、宝塚を「模写」した可能性がないとは言い切れない。

制度に埋め込まれた理不尽――相撲部屋

伝統の名のもとに一般社会では許されない行為が見過ごされてきたという点では、宝塚のはるかに上をいくのが大相撲の世界だろう。

幕内最高優勝四五回を誇るかつての大横綱白鵬（宮城野親方）が率いる宮城野部屋では、二〇二四年になって幕内力士による後輩力士に対する度重なる暴行が明るみに出た。それを受けて加害力士には引退勧告相当として引退届を受理、宮城野親方には委員から年寄りへの二階級降格と報酬減額という処分が下され、宮城野部屋は当面閉鎖されることになった。日本相撲協会が揺れ、一時的ではあっても宮城野部屋という基礎組織の崩壊が起きたわけである。

大相撲の世界では、これまでにも日馬富士、朝青龍の両横綱が不祥事で引退に追い込まれたほか、部屋のなかでの暴行疑惑もたびたび報じられた。

一昔前までは親方が力士の尻を蹴りあげたり、竹刀で叩いたりするなどの行為は当たり前のように見られ、それが暴力であるという認識は薄いのが現実だった。そのような指導方法が伝統だという受け止め方に加え、相撲は格闘技という一面を持つだけに少々の暴力は見過ごされやすい。しつけや稽古も暴力とは紙一重なのだろう。

しかも背景には、やはり組織の閉鎖性がある。力士のなかでもいわゆる「たたきあげ」組は、中学を卒業したばかりの、まだ十分な社会経験も判断力も備わっていない段階で入門する。入門するといずれかの「部屋」に属し、親方やほかの力士たちと一緒に集団生活を送る。よほど特殊な事情がないかぎり、ほかの部屋に移ることは認められていないので、各力士は入門した部屋で力士生活を終えるわけである。

さらに大相撲の世界には、部屋どうしの師弟関係を中心にした「一門」があり、現在、伊勢ヶ濱一門、二所ノ関一門など五つの一門が存在する。歌舞伎の一門と似ており、役員選挙などの際に数の力を発揮するという点では自民党の派閥とも共通するところがある。このように大相撲の世界は、部屋、一門、相撲協会という三重の入れ子構造になっている。

相撲は「神事」（否定する説もあるが）とされ、大相撲は江戸時代以来の歴史を持つことからも想像できるように、日本型組織の特徴を最も凝縮した形で体現している。そこで部分的にせよ組織の崩壊をもたらすような不祥事が発生したことは、日本型組織のあり方そのものが問われているとして深刻に受け止めるべきだろう。

もっとも不祥事そのものはいまに始まったことではない。前述した横綱による暴力事件のほかにも、二〇〇七年には時津風部屋で起きた力士の暴行死、二〇一〇年には年寄株の不透明な売買疑惑、二〇一一年には力士による八百長問題が発覚するなど、この世界の異常な体質をうかがわせる出来事がたびたび発生している。そして、そのたびに大相撲界の閉鎖的で不透明な体質が問題視された。

そこへ近年になって、公益財団法人である協会に対し外から厳しい目が向けられるようになったわけである。しかし内部から改革を唱えた親方が逆に孤立するなど、闇の深さもまた印象づけられた。そのことは日本型組織の改革もまた、一筋縄ではいかないことを示唆しているように思える。

4 「事件」は共同体で起きる！

正当な支配と誤った支配

人間には他人を支配したいという欲望がある。さらにいえば、それは人間の本能と呼べるものかもしれない。しかも支配すればお金やモノ、名誉その他価値のあるものが芋づる式についてくる。そして組織は、協働のシステムであると同時に支配のシステムでもある。いわば人間の支配欲をはらんだ制度なのだ。少なくとも官僚制のような伝統的組織はそうだった。問題は、それがいかに正当化され、メンバーの承認を得られるかである。かつては有無を言わせぬ高圧的な支配もある程度通用したが、人権意識が高揚し、ハラスメント撲滅の気運が高まった今日においては、一方的な支配そのものが正当性も承認も得られにくくなっている。

第1～3節では、二〇二三年から翌年にかけて大問題となった組織の崩壊や崩壊の危機をその性質によって三つに分類した。

三つのタイプにはそれぞれ業種もメンバーの性格も異なる組織が含まれているが、共通するのは内部に厳格な命令―服従の関係が存在することである。そして組織の崩壊もしくは崩壊の危機を招いた出来事の多くは、強力な「支配」に端を発している。

ただし宮城野部屋のケースはやや複雑だ。親方による指導が行き届かなかったことが不祥事をもたらしたという点では、支配の不存在が不祥事の原因だといえるが、トップの統制不足が兄弟子による誤った支配を招いたという見方もできよう。その意味では支配の主体が変わっただけで、強力な支配が危機を招いたという構図に違いはない。

そこで組織のなかで起きた現象を「支配」という観点からとらえようとすると、社会学や政治学などを学んだ人は、前記の分類に一種の既視感を覚えるのではなかろうか。そう、意識したわけではないにもかかわらず、二〇世紀最大の社会学者と称されるマックス・ウェーバーによる「支配の三類型」と驚くほど似ているのだ。もしかすると、この三分類には普遍的なものがあるのかもしれない。

ウェーバーによると、支配関係においては、利害や情緒的な動機のほかに「正当性の信念」がつけ加わるのが普通である。それは現代組織、あるいは現代社会においてはもはや必須条件といってもよいだろう。そのもとになる正当的支配の純粋型として、彼はつぎの三つをあげている（M・ウェーバー『権力と支配―政治社会学入門』濱島朗訳、有斐閣、一九六七年、五頁、傍点引用元)。

合理的な性格をもつ。つまり、成文化された秩序の合法性、およびこの秩序によって支配をおよぼす権限をあたえられた者の命令権の合法性にたいする信念にもとづく(合法的支配)。

伝統的な性格をもつ。——古くよりおこなわれてきた伝統の神聖や、それによって権威をあたえられた者の正当性にたいする日常的信念にもとづく(伝統的支配)。

カリスマ的な性格をもつ。つまり、ある人物およびかれによって啓示されるか制定された秩序のもつ、神聖さとか超人的な力とかあるいは模範的資質への非日常的な帰依にもとづく(カリスマ的支配)。

「合法的支配」は〈官僚制型〉と、「伝統的支配」は〈伝統墨守型〉と、「カリスマ的支配」は〈絶対君主型〉と、それぞれ類似しているという見方に異論はないだろう。

「正当性」と相容(あいい)れない共同体の特徴

しかし、いっぽうで前述の三分類をウェーバーの三類型に当てはめてみて、違和感を覚える人も少なくないのではなかろうか。組織不祥事の事例のなかには、ウェーバーの「正当的支配」からほど遠い現象がたくさん含まれている。しかも、それがしばしば「組織の崩壊」をもたらす決定的な要因になっている。要するに、組織不祥事の事例のなかには、ウェーバーが想定しなかった、言い替えればウェーバー理論の網の目をくぐるようなケースも少なくないのである。

では、ここからウェーバーの類型とは似て非なる「違和感」の正体を明らかにしたい。先に紹介した事例のなかから、象徴的なフレーズを拾いあげてみよう。

「見て見ぬふり」（ジャニーズ）。
「隠蔽」（ジャニーズ、日大）。
マスコミが「報道を控えた」（ジャニーズ）。
「上司からの不正な指示に逆らえない雰囲気があった」（ビッグモーター）。

保険会社との「持ちつ持たれつ」の関係（ビッグモーター）。
「上司への意見を抑圧する組織風土」（ダイハツ）。
「内向きな組織風土」（三菱電機）。
「派閥に言われたら従わざるを得ない」（自民党）。
「外部漏らし」を禁じる（宝塚）。

これらがウェーバーのいう「正当的支配」の原則、少なくともその精神と相容れないことは容易に気づくだろう。むしろ「正当性」とは真逆の力学がそこに働いていることがわかる。ただ「正当」な支配に真っ向から立ち向かう反乱分子が動かしているというわけではなく、ある意味で公式な組織と共存しながら水面下で「正当」な支配を骨抜きにして組織を動かし、自らの利益を追求するものの存在が垣間見える。

前述した象徴的なフレーズから、その共通点を帰納法的に探っていくと、浮かびあがるのは閉ざされた仲間うちの人間関係、行動、ならびに独特の風土である。たしかに欧米の組織も公式な制度やルールだけで動いているわけではなく、メンバーの利害や人間関係がその運用をゆがめることは少なくない。しかし仲間うちの論理がここまで幅をきかし、いわば「裏の正義」として隠然と巨大組織を動かすことは通常あり得ないだろう。

公式な組織による正当な支配を骨抜きにするほど強い影響力を持つ、利害を共有する仲間とは何か？　それは「共同体」である。そう、違和感の正体は「共同体」としての性格だったのだ。

共同体の本質について論じるのはあとにして、ここではとりあえず共同体を「仲間うちの集団」としておこう。

社会学では集団を二種類に分けるのが普通である（なお組織は集団のなかに含まれる）。一つは家族やムラのように自然発生的で血縁や情によってつながっている集団であり、「基礎集団」と呼ばれる。もう一つは特定の目的を達成するため人為的につくられた集団であり「目的集団」もしくは「機能集団」と呼ばれる。ドイツの社会学者F・テンニースの「ゲマインシャフト」と「ゲゼルシャフト」、アメリカの社会学者R・M・マッキーヴァーの「コミュニティ」と「アソシエーション」などの分類もおおむね同じである。

つまり仲間うちの集団である共同体は、基礎集団とほぼ同義語である。

いっぽう企業は本来、典型的な目的集団である。企業の目的が何かは学界における一つの研究テーマになるほど議論が分かれるが、普通の企業の場合、事業をとおして利益をあげることが重要な目的の一つであることに異論はなかろう。芸能事務所や歌劇団にしても、自民党の派閥にしてもそれぞれの目的を追求するためにつくられ、存在するものなので、本来は目的集団であるはずだ。にもかかわらず崩壊した、あるいは崩壊の危機に瀕した前述の組織には、後述するように共同体としての側面が色濃く表れている。

もちろん組織である以上、それらが目的集団としての性格も十分に備えていることは疑いがない。要するに、危機を招いた前述の組織は、目的集団と基礎集団の両方の性質を備えているのである。しかも企業の場合は「部署＜会社＜関連会社や下請企業を含む企業グループ」、政界では「派閥＜党」、大相撲の世界では「部屋＜一門＜相撲協会」、というように「共同体」が入れ子状態になっている。

このように目的集団と基礎集団（共同体）との両方の性質を備えた組織を、私は「共同体型組織」と呼んでいる。いうまでもなく共同体型組織は先に取りあげた崩壊もしくは崩壊の危機に瀕している組織のみに見られる特徴ではなく、日本の組織にほぼ共通する特徴である。したがって「共同体型組織」は「日本型組織」とほぼ同義語だと理解してもらって差し支えない。

今日の企業組織の原型である欧米の官僚制組織は、産業革命後の少品種大量生産の時代に普及した。そして徐々に精緻化され、発展を遂げてきた。いっぽう戦後の日本では、欧米型の官僚制組織とは異質な共同体型組織として独自の道を歩んできたのである。

なぜ日本では組織が共同体型になるのか

では、日本の組織が共同体型になった理由について、企業を念頭に置きながら説明しよう。

そこには三つの構造的な要因と、一つのイデオロギー的な要因が働いている（拙著『同調圧力の正体』ＰＨＰ新書、二〇二一年）。

構造的な要因として、第一にあげられるのは「閉鎖性」である。日本企業、とくに大企業では新卒者を社員として一括採用し、少なくとも建前上は定年か定年近くまで雇用し続ける。そのため中途退職も中途採用も比較的少ない。また一つの会社で働いていても、メンバーシップすなわち共同体のメンバーとしての資格を得るのは原則として正社員だけであり、パートタイマーやアルバイトなど非正社員にメンバーシップは与えられない。

そしてメンバーシップを得た者だけが安定した雇用や報酬、地位、厚い福利厚生を得られる。また閉ざされた集団のなかでメンバーが一定なら、常に仲間うちの利益を優先しようという動機が生まれることに注意しなければならない。

第二の要因は、「同質性」である。社員を採用するにあたっては一定の学歴、適性、価値観、社風との適合性などで選別する。また採用後の社員は全員が一堂に会して研修を受け、長期間にわたって一つの会社のなかで一緒に仕事をする。そうすると考え方や価値観、生活様式などがおのずと似かよってくる。俗に「金太郎飴」と揶揄されるような同質的集団がこうしてできあがる。

メンバーが同質的だと利害の共通性が高くなる。抽象的にいえば、最大公約数が大きくなるのである。そのため外の世界とは隔たった特殊な慣行ができたり、独特の空気が生まれたりする。

たとえば中央省庁の俗に「キャリア組」と呼ばれる官僚たちには学歴や経歴、能力、価値観などが似かよった者が多く、民間大企業に比べて低い在職時の給料を定年後に挽回するため、定年前後で民間企業に天下りして高額の報酬を得るのがかつては慣行になっていた。またビッグモーターの社員が会社の利益のため故意に車体を傷つけたり、街路樹に除草剤を撒いたりした際にも、利害や考え方が似かよった社員の間に大きな抵抗感はなかっただろう。

もっと身近な例をあげれば、かつては専業主婦が普通で、夫の男性社員は家事や育児を妻に任せて仕事に専念するのが「常識」だった。そのため違法なサービス残業や無給の休日出勤も、当たり前のように行われていた。かりに既婚女性や外国人社員がメンバーとして加わっていたら、そのような「常識」は形成されず、理不尽な働き方にブレーキがかけられていたに違いない。

第三の要因は、「個人の未分化」すなわち個人が組織や集団に溶け込んでいることである。仕事の分担が一人ひとり明確に決められている欧米企業と違って、日本企業では分担が比較的あいまいで、たとえ分担が決められていても実際には課や係単位で、あるいは上司と部下が一緒に仕事をするケースが多い。いわゆる集団主義である。オフィスの物理的環境も集団主義と調和している。大部屋で一人ひとりを隔てる仕切りのない日本独特のオフィスでは、同僚どうしが自然と協力したり助け合ったりする半面、相互に仕事ぶりを監視し、牽制し合うようにもなる。

これら三つの要因はそれぞれが個別に作用するだけでなく、相乗的に働く。

まず組織が閉鎖的なので、社員の利害はおのずと一致するようになる。いわゆる「運命共同体」「同じ釜の飯を食った仲」である。しかも社員が同質的なので、いっそう利害は共有されやすい。さらに個人の裁量範囲が確保されておらず、集団単位で仕事をするため、常に協力的な姿勢が要求される。そして各社がいずれも閉鎖的であれば、かりにいまの職場が不満であっても、社外に受け入れ先が少ないので実際に転職することは難しい。その結果、後に紹介する意識調査の結果にも表れているように、共同体型組織には不満を抱えながらも留(とど)まっている人が多くなりがちなのだ。

そこに加わる第四の要因が、イデオロギーとしての「共同体主義」である。ここでいう共同体主義とは、共同体へのアイデンティティを重視し、みんなで一緒に力を合わせて働き、助け合うべきだという考え方であり、「全社一丸」「絆」といった言葉が好んで使われる。容易に想像できるように、そこに同調圧力が働きやすい(同前)。

さらに共同体主義の背後にはもう一つ、見過ごせない要因が働いている。それは共同体型組織が、メンバーの社会的欲求や承認欲求を満たすのに都合がよいということだ。

社会的欲求や承認欲求は、後述するようにアメリカの心理学者A・H・マズローが掲げる人間の基本的欲求だが、日本人はこれらの欲求を会社のなかで満たそうとする傾向がある(拙著『日本人の承認欲求——テレワークがさらした深層』新潮新書、二〇二二年)。だからこそ共同体型になるのか、共同体型だから、そこがいわば全世界になり、そのなかで欲求を満たそうとするのか、「鶏が先か卵が先か」のようなところはあるが、いずれにしても共同体型組織では欲求が満たしやすい構造になっている。

とくに日本では役職の序列は「偉さ」の序列でもあるため、一般に高い地位の者ほど共同体としての性格を強めようとする。露骨な表現をするなら、幹部にとって共同体型組織は「偉さ」を見せびらかせる居心地のよい場所なのである。

こうした組織の特徴は一般の企業にかぎらず、スポーツ団体や芸能事務所、派閥、相撲部屋などにも大なり小なり共通して見られる。なお後述するように、共同体型組織は自然にできあがったというより、むしろ組織と個人双方の利益にかなうものとして形成されたという色彩が強い。

密室性が不祥事の温床に

残念ながらこのような共同体型組織は、構造的に不祥事の温床となりやすい。

それは公式組織（目的集団）に、共同体（基礎集団）の要素が絡むからである。公式組織はそれなりに正当性と公平性を保つように設計されたシステムだが、そこに共同体という異質の要素が入ることによって組織を貫く理念が活(い)かされなかったり、制度が恣意的に運用されたりする余地が生まれる。

公式組織には権限の序列が存在するが、それに共同体の人間的な要素が加わると、上下関係は人格的な序列、俗な言い方をすると「偉さ」の序列になってしまう。つまり共同体特有の非合理的なものに、公式組織がルールによってお墨つきを与えてしまうのである。その結果、部下は上司の理不尽な要求でも聞かなければならなくなり、ハラスメントや横暴な行為が発生しやすい。また過剰な忖度や、見て見ぬふりをするようなことも起きる。

ちなみに典型的な欧米企業では公式組織の原理が貫徹されているので、最終的な決定権は上司にあるが、部下も対等な立場で上司に意見を言う。不正につながるリスクがあると思えば当然、上司に抗議する。上司は意見を聞いたうえで最終的に決定し、命令を下すのである（もちろんすべてがそのように実践できているわけではないが）。そのため上司は「部下が勝手にやった」と言い逃れできない。

組織に共同体的要素が混在することの弊害はそれだけに留まらない。ハラスメントや不祥事に対する抑止力として近年注目されているのが二〇〇四年に制定された「公益通報者保護法」にもとづく内部通報制度であり、大企業では大半のところが取り入れている。しかし不祥事を起こした企業の多くでこの制度が存在していたことからもわかるように、制度は存在しても共同体型組織では十分に機能しない。その理由は、公式な制度とは異なる無形の圧力が加わる余地が大きいからである。

一つは上からの圧力である。二〇二四年に発生した兵庫県知事の問題を告発した部下への対応は、それを象徴している。

まず今回の問題を生んだ組織の支配構造について触れておくと、行政機関である以上、基本的には〈官僚制型〉であることに間違いはない。しかし地方分権改革以降、自治体の首長には「ミニ大統領」ともいえるほどの絶対的な権限が与えられた。しかも斎藤元彦知事は側近や部下に対して、いわば「強面」のふるまいをしていたことが部下や職員の証言、アンケートからうかがえる。側近たちも知事の「暴走」をいさめ、ブレーキをかける役割を果たすことなく、逆に加担してしまった可能性が高い。

このような点に注目するなら、今回の件は大枠において〈官僚制型〉でありながら、同時に〈絶対君主型〉の特徴も表れていると言ってよい。つまり官僚制が本来備えているべき「正当性」を強権で反故(ほご)にしてしまったのである。

一般に役所の人事は首長を筆頭とする幹部や、その意向をくみ取る人事課によって決められる。人事には明確な基準がなく、配属や異動に職員の意向はあまり考慮されないのが普通だ。そのため上司や組織に逆らうと出世に響いたり、左遷されたりするかもしれないという圧力が部下、職員に忍従を強いてきた。

今回の件は、後に辞職した県民局長による覚悟の告発があったからこそ、知事のパワハラや「おねだり」をはじめとする不適切な行為の疑惑が露見したわけである。にもかかわらず、当初は知事が「うそ八百」と公言したり、告発についての慎重な吟味がなされない段階で当該職員を処分するなど、もの言えぬ部下に対する高圧的な姿勢が色濃く滲(にじ)んでいた。かりに告発者の側に多少の落ち度や問題点があったとしても、トップ自らが共同体の圧力を前提にしながら、内部通報制度の趣旨を踏みにじるような言動を取った責任は大きい。

なお本件については執筆時点での情報にもとづいていることを断っておく。

軽視できない横からの圧力

もう一つは横から、すなわち同僚による圧力（ピアプレッシャー）だ。

注目してもらいたいデータがある。内部通報で窓口に寄せられる相談や通報には、案件の性質による差が大きい。ある調査によると七三％がハラスメント関連で、贈収賄や製品表示等の虚偽記載、粉飾決算は数％にとどまる（二〇二四年一〇月二一日付「日本経済新聞」）。このことは何を意味しているのか。

つぎのような解釈ができそうだ。ハラスメントは対人関係の問題であり、だれにとってもないほうがよいにきまっている。いっぽう組織不正を告発することは、少なくとも短期的には共同体の利益に反する。そのことが組織不正の告発をためらわせているのではなかろうか。

共同体型組織のメンバーにとっては、組織の発展や利益よりも、居心地のよい職場の人間関係を維持することのほうが実は大切である。そのため告発は仲間への裏切りと取られ、結果的にメンバー全員を敵に回すことになりかねない。共同体の非公式な人間関係から排除されることは、メンバーにとって耐えがたいものだ。にもかかわらず、人間関係からの排除は目に見えないだけに違法な報復として立証したり、禁止したりすることはきわめて難しい。

たとえばつぎのような例を考えてみよう。いつも仲間うちで集まって面倒な上司の扱い方や、要領よく仕事で手を抜く方法を教え合っていたとしよう。あるいは休憩時間に冗談を言い合ったり、お菓子を持ち寄って食べたりしていたとする。ところが「裏切り者」のレッテルを貼られたら、最低限の情報しか教えてもらえなくなるかもしれないし、よそよそしい接し方をされるようになるかもしれない。しかし現実問題として、力尽くで元どおりの関係に戻すことはできないだろう。

それだけではない。外の世界から閉ざされた世界では独自の慣行や規範ができ、しばしば公式な制度やルールよりも優先される。そもそも閉鎖的な共同体のなかで純粋培養された人たちは、自分たちの組織の慣行や暗黙の了解が特殊であることさえ知らない。不祥事を起こしたジャニーズや宝塚にしても、企業にしてもメンバーの大半は、ほかの組織で活動したり働いたりした経験のない人たちだった。そして閉ざされた集団のなかではメンバーに同調を迫る空気や圧力も自然と生まれるし、密室であるがゆえに組織を隠れ蓑にした不正や隠蔽も発生しやすい。

前述したようにパワハラを起こした宝塚歌劇団では「外部漏らし」が厳しく禁じられるなど、不祥事を起こした大半の組織で共同体特有の閉鎖性が浮き彫りになった。程度の差はあるにしても、共同体型組織の特性としてメンバーが外の世界に触れることを嫌う。社員が副業することを何かと理由をつけて認めようとしないのも、部下がリモートワークや異業種交流会に参加するのを上司が好まないことにも、根底にあるメンバーを外の世界から切り離しておきたいという本音が透けて見える。「井のなかの蛙」にしておいたほうが扱いやすいからだ。それが結果として不祥事の発生や拡大につながる場合があるにもかかわらずだ。

いずれにしても共同体の力学や人間関係は可視化できないので、問題を指摘することも有効な対策を講ずることも難しい。公式組織を前提にした対策がしばしば空回りするのは、そこに大きな原因がある。

教訓を生かせなかったフジテレビ

こうして見ると、先にあげた諸々の組織不祥事の発生は、ある意味で宿命的だったといえるかもしれない。

それを裏付けるように、同じような組織不祥事の発生は二〇二四年以降もとどまることを知らない。なかでも共同体型組織の闇を世間に強く印象づけたのが、タレントの性加害を巡るフジテレビの姿勢だ。そこには本章で取り上げた二〇二三年の「組織崩壊」劇と重なる部分が多く、共同体型組織の暗部をあらためてさらけ出した。

フジテレビは、タレントの中居正広氏と女性とのトラブルを早期に把握しながら、二〇二四年末に週刊文春の記事でそれが発覚し社会問題になるまで一年半もの間、中居氏を番組で起用し続け、問題を極秘にしてきた。また被害女性のケアにも積極的な手を打たなかった。そして社会問題化した後も社長の会見を非公開にし、第三者委員会を設置しないなど内向き、後ろ向きの姿勢が色濃く表れていた。これらは本書脱稿時点までの成り行きであり、今後の展開は正確に読めないものの、徹底して内輪で処理しようとする姿勢はかえって火に油を注ぐ結果となり、会社そのものの存続さえ危ぶまれるところまで追い込まれてしまったのである。

問題が公になり世間の非難が強まるまで内部からは声が上がらなかった点といい、フジテレビの組織風土はジャニーズ事務所などのケースとそっくりであり、会社としての対応もまるでそれをなぞるかのようだ。ジャニーズ問題をはじめ一連の「組織崩壊」劇はまだ火種がくすぶり続けているにもかかわらず、残念ながらその教訓は生かされていない。考えてみればそれも不思議ではなく、共同体型組織が閉鎖的で、ある意味において自己完結的なシステムである以上、内側からの自浄作用は働かず、構造そのものにメスを入れないかぎり「組織崩壊」の連鎖は止まらないことを強く示唆している。

しかし、大きな疑問が残る。日本の組織は昔から共同体型だった。それなのになぜ、いまになって「ドミノ崩壊」が起きたのかである。次章では、その疑問を解いていこう。

第2章　共同体が「もの言わぬ集団」に

1　かつては模範的だった日本型組織

〝ジャパンアズナンバーワン〟の核心

問題の本質に迫る前に、なぜ日本で共同体型組織（日本型組織）が普及し、これまで長期にわたって維持されてきたかを述べておこう。

まずは新卒で入社した社員を取り巻く普通の職場風景を描写してみたい。

入社式後の新入社員研修を終えて職場に配属されると、同じ係の人はもちろん、課の全員が笑顔で新人を迎えてくれる。さっそく直属の上司から仕事のあらましや職場のさまざまな慣行を教えられ、昼になると上司や先輩からランチに誘われる。そして夜には歓迎会が開かれ、酒を酌み交わす間にすっかり打ち解けた人間関係ができあがる。翌日からは、もう課や係の一員、仲間として一緒に働き、職業生活を送ることになる。

右も左もわからない新人でも、上司や先輩が手取り足取り仕事を教えてくれ、一年もたてばなんとか一人前扱いされるまでに成長する。仕事は一応、一人ひとりの分担が決まっていても課や係で協力し合い、忙しい人や手の遅い人がいれば黙っていても手助けするのが常識だ。そのため職務主義（ジョブ型雇用）が一般的な欧米と違って、仕事の隙間ができにくいし、個々人の間に繁閑の大きなばらつきも生じない。

だからといって個人を動機づけるインセンティブ（報酬などの誘因）がまったく存在しなかったわけではない。欧米企業では、工場の生産現場など第一線で働く人たちの賃金は職務のランクごとに固定されているため、原則として査定（人事評価にもとづくランクづけ）は行われない。それに対し日本企業では一般の社員に対しても査定が行われ、昇進や昇格に差がつけられる。

ただ多くの職場では、がんばって努力する姿勢さえ示しておけば、極端に低い査定を受けることはないのが現実だった。「勤勉さ」を生む一因がそこにある。いっぽうで、それは常に努力し続けなければならないというプレッシャーを与えているのだが。

そして周りと協調し、それなりに努力していたら毎年給料は上がり、一定の年齢になれば昇進して、それなりに責任ある地位に就いていく。社内での威信や発言力もそれと連動して大きくなる。いまでこそ批判の的となっている年功制だが、かつては経済的合理性もあった。仕事の経験や熟練、知識が仕事の生産性につながりやすい時代には、年齢・勤務年数に応じて給与が上がる仕組みは一応理にかなっていたのである。

そして、よほどのことがないかぎり解雇される心配はなく、社宅や各種手当などが本人はもちろん家族の生活まで保障してくれる。このような信頼感があるので、社員は会社に対して一体化し、目先の利害や損得を考えず働くようになる。

大ざっぱにいうと、これが従来の日本企業の一般的な姿である。

高度成長期をはさむ日本の発展過程に注目したアメリカの社会学者E・F・ヴォーゲルは、大ベストセラーとなった『ジャパン アズ ナンバーワン──アメリカへの教訓』（広中和歌子・木本彰子訳、ティビーエス・ブリタニカ、一九七九年）のなかで、戦前から存在する日本企業の特徴として、終身雇用制、年功序列制、それに従業員の会社への忠誠心などをあげている。また社内の配置転換、集団的責任体制といった制度や社員どうしのプライベートなつきあいの効用にも注目している。

ここにあげられた日本企業の特徴はまさに共同体型組織の性格であり、それが日本企業の成長の原動力になったというわけである。

「受容」と「自治」は共同体にとって、車の両輪

ところで、そもそも共同体はいったい何によって支えられているのだろうか？共同体の本質ならびに仕組みや構造については膨大な歴史的研究や理想論などがあり、さまざまな角度から論じられている。ただ直接言及されているか否かは別にして、そこで共同体の必要条件とされているのはつぎの二つだといってよかろう。

一つは「受容」であり、メンバーどうしの支え合い、包摂、絆といった言葉で表される。要するに共同体のメンバーである以上、共同体が、あるいは仲間どうしが一人ひとりを受け入れ、護（まも）っていかなければならない。

もう一つは、「自治」である。共同体のメンバーは受容されるだけでなく、いっぽうで共同体のために自らが主体的に貢献し、メンバーとしての責任を果たさなければならない。しかもここでいう自治は、共同体の目先の利益を追求するだけでなく、社会的な正義や正当性に則（のっと）った活動が求められる。外に向けては、共同体が社会的な正義や正当性を担保し、ある程度の自治機能を果たすことで存在が認められ、社会のなかで一定の独立性が保てるわけである。

「受容」と「自治」は権利と義務の関係に近く、いわば車の両輪のようなものであり、どちらが欠けても共同体とは呼べない。典型的な共同体である村落のほか、部族や宗教などの団体にしても、「受容」と「自治」によって維持されてきた。そして、日本の伝統的な共同体型組織もまた、「受容」と「自治」という二本の柱を備えていた。たとえば社員は雇用と生活が保障されるのと引き替えに、会社の経営が苦しいときは待遇の引き下げにも甘んじ、会社を守るため献身的に働いた。共同体型組織では、「受容」と「自治」のバランスによって会社と社員の共存共栄が成り立っていたのである。

ここで、企業を念頭に置きながら共同体型組織が栄えた時代背景に注目してみよう。共同体型組織の全盛期は、前述のヴォーゲルが注目したように、戦後の高度成長期（一九五五～七三年ごろ）をはさんだ時代である。

この時代の日本は、企業も日本経済も右肩上がりで成長し続け、企業は大量の労働力を確保する必要があった。東京や大阪を中心にした大都市の企業は、地方で中学や高校を卒業したばかりの少年少女を大量に採用し、独身寮に住まわせ、各種手当を支給したりレクリエーションの支援を行ったりするなど、生活全体を丸抱えで庇護した。会社は家族であり社長は父親だというメタファーがよく使われたものである。

当時の日本は経済的な水準も比較的低く、住宅や社会保障などのインフラも十分に整っていなかったので、とりわけ若い社員にとって安定した環境で職業生活を送れることは大きな恩恵だったことに疑いはない。

さらに年齢とともに給与が上がっていく年功制は、結婚、出産、子どもの進学、住宅ローン……というように、ライフステージの進展とともに増える出費をまかなううえでも好ましかった。年功賃金が、いわば社会保障的な役割も果たしていたわけである。

そしてもう一つ見逃せない点は、高度成長期には企業も社会も成長し続けていたことだ。成長期には仕事は外にいくらでもあるし、社内の人員も、賃金原資も、役職ポストも増え続けた。そのため社内でもパイの奪い合い、足の引っぱり合いは比較的少なかったし、社員の挑戦を促す風土があった。ゲーム理論でいう「ゼロサムゲーム」(総和が差し引きゼロになるゲーム)ではなく、「ノンゼロサムゲーム」もしくは「プラスサムゲーム」だったのだ。実際、当時を知る人は、いまよりはるかに自由闊達(かったつ)な空気だったと口をそろえていう。

いっぽう働く環境に目を向けると、当時の日本を牽引したのは製造業であり、ベルトコンベアの流れ作業に象徴される少品種大量生産のシステムが主流だった。またオフィスでは大勢の社員がそろばんを片手に伝票の整理をしたり、帳簿をつけたりする姿が見られたものだ。このような仕事においては、なかば機械のように決められた仕事を正確かつ迅速にこなすことが求められたため、共同体型組織のなかで均質に育てられた人材はとても重宝された。また、そのような人材の育成は日本の国力増進に役立ち、組織による庇護は勤労者の福祉にもつながるので、政策の後押しを受け、あらゆる業種に広がっていった。

要するに共同体型組織は、少品種大量生産によって企業と社会の発展をリードするという時代背景とうまくマッチしていたわけである。

成功体験の慣性

時代の追い風を受けて日本企業に利益をもたらした共同体型組織は、一種の成功体験となって企業外にも影響を広げていく。

共同体型組織の源をたどれば、少なくとも明治時代にまで遡ることができる。欧米に「追いつけ、追い越せ」を国の目標に掲げ、長期にわたってキャッチアップの道を歩んできた戦前までの日本政府と、戦後の日本企業、日本社会にとって共同体型組織は効率的だった。

欧米の先進的な技術や知識を日本式に、また自社に合うようにアレンジして導入するうえでは、知識の吸収力と正解のある問題を迅速に解く能力、そして何よりも従順で協調性を備えた、いわゆる「優等生型」の人材が重宝された。そのため小学校から高等学校にいたる学校教育、さらに大学教育もおのずと共同体型システムのもとで行われるようになった。学年別に整えられたスケジュールにもとづいて画一的に進められる授業。協調性を重視する組体操、綱引きなどの競技や、それをいっそう徹底する部活動。さらには偏差値で輪切りにされた高校、大学教育などがその象徴である。

いっぽう政府は多くの規制によって既存の業界の利益を守り、新規の就業機会を犠牲にしても雇用維持を優先する労働政策を採り続けてきた。

こうして共同体型組織は個別企業の枠内に留まらず、下請企業や関連企業、業界団体、教育界、そして地域や自治体、政府にまで広がっていった。

一般に成功体験が長く続くほど、慣性つまりそのやり方を踏襲しようという空気が強くなる。共同体型組織も例外ではなく、明治以降のキャッチアップの時代、そして高度成長、安定成長の時代と長年にわたって成功を収めてきたため、共同体型組織の弊害や不都合な面がたびたび指摘され、見直しの必要性が唱えられても、組織の骨格を根本から変えようという気運は生まれなかった。

しかし、もっと長いスパンで俯瞰(ふかん)してみると、組織と個人の共存共栄は特殊な条件のもとで成り立つ、もろい均衡だったことがわかる。とりわけ組織のメンバーが「受容」と

「自治」の精神を備えていることが必須の条件だったことを忘れてはならない。かりに組織のメンバーが仲間を無条件で受け入れ、支えようという意識を失ったら、あるいはメンバーがそれに応えて自分たちの組織を主体的に運営しようという自覚がなくなったら、共同体型組織は正常に維持されなくなるのである。

こうした「砂上の楼閣」のような均衡状態は外部の環境変化によってもろくも崩れ、つぎのステージへと移っていく。

2　ぶら下がり始めたメンバー

沈黙がエスカレートさせた不祥事

ここで、前章で取りあげた組織の崩壊劇を振り返ってみよう。

ジャニーズ事務所の事件では、ジャニー氏による性加害が五〇年以上にわたって常習的に行われ、事務所はそれを認識していたにもかかわらず「見て見ぬふり」をしてきた。そしてマスコミも性加害の積極的な報道を控えた。

また三菱電機の不正では、背景に「言ったもん負け」の文化があったことが、調査報告書によって指摘されている。そのほかの事例でも調査報告書で直接言及されているかどうかは別にして、上司に意見を述べたり、不利な情報を伝えたりはされず、それが不正を拡大し問題をエスカレートさせたことが示唆されている。

企業だけではない。たとえばプロ野球の楽天球団では、二〇二三年にA投手が後輩選手にハラスメント行為を繰り返して自由契約になったが、所属選手ら一三七人に情報提供を求めたアンケートでは約一〇人が直接被害を受けたと回答したほか、約四〇人が見たり聞いたりしたという（二〇二三年一二月一日付「日本経済新聞」）。暴力行為やハラスメントが明るみに出たほかの事例を見ると、組織から脱退した人や外部者による告発があってはじめて問題が発覚したケースがほとんどであり、内部からの告発や抗議が発端になった例は多くない。

それぞれの調査報告書でも指摘されているとおり、組織のなかにはものを言えない空気があり、意見を言うと冷遇される可能性があったことは事実だろう。しかし、たとえそうだとしても「だから言えなかった」ですまされるだろうか？　まして不正と知りながら続けてきた人たちの責任は、けっして軽いとはいえない。以下では批判を覚悟のうえで、見過ごされ、しばしばタブー視されがちな、そこのところに切り込んでいくことにしよう。

他人の不正を見過ごしたり黙認したりすることの背景には、単なる正義感やコンプライアンス意識の欠如を超える、社会構造上の根深い問題が存在する。

「何もしないほうが得」という打算

衝撃的な調査結果がここにある。

「仕事で失敗のリスクを冒してまでチャレンジしないほうが得だと思いますか?」という質問に対し、「そう思う」「どちらかといえば、そう思う」と回答した人が計六五・五%とほぼ三分の二を占めた(n=五二二)。また「同僚として積極的にチャレンジする人と、周りとの調和を大事にする人のどちらを好みますか?」という質問には、「どちらかというと周りとの調和を大事にする人」という回答が六八・二%と七割弱に達した(n=四五六)。その理由としてあげられたのは、「もめ事を起こしたくないから」「面倒を起こしたくないから」が多数を占めた。いずれも企業などの組織で働く人を対象にした私の調査(NTTコムリサーチに委託し、企業などの組織で働く男女を対象として二〇二二年二月にウェブで行った調査。拙著『何もしないほうが得な日本―社会に広がる「消極的利己主義」の構造』PHP新書、二〇二二年）の結果である。

つぎのようなデータもある。総務庁（現総務省）青少年対策本部が一九九三年に世界一一か国の青年に対して行った「第五回世界青年意識調査」によると、いまの職場で勤務を「ずっと続けたい」という回答は二七・五％と一一か国のなかで最低にとどまるいっぽう、「変わりたいが続けるだろう」という回答は二八・四％と他国に比べて顕著に高かった。

この調査から二〇年以上たった二〇一六年、人的資源管理論などを専攻する経営学者の松山一紀（かずき）は、同様の項目を用いて全国の「上司がいる部下」一〇〇〇人にウェブで調査を行った。すると「この会社でずっと働きたい」という回答は二五・四％と世界青年意識調査の結果と大差ないが、「変わりたいと思うことはあるが、このまま続けることになろう」という回答は四〇・五％と大幅に増えている（松山一紀『次世代型組織へのフォロワーシップ論―リーダーシップ主義からの脱却』ミネルヴァ書房、二〇一八年、一〇四〜一〇五頁）。対象となる年齢層が異なるので単純な比較はできないが、消極的な帰属意識は以前よりいっそう強くなっている可能性がある。

それを裏づけるような会計学者澤邉紀生（さわべのりお）の指摘は興味深い。

日本企業の特徴は、予算目標をめぐって、トップとミドルの間でキャッチボールのようにやりとりが繰り返されてきたことにあった。トップは本社の考え方を理解してもらおうとして、ミドルは現場の現実にたって、お互いに理想と現実をぶつけあって粘り強く話し合う、これがキャッチボールの中身である。ここまで時間と労力をかけてキャッチボールを続けてきた背景には、現場を重視してきた日本企業の思想ともいうべき考え方が合（ママ）った。

（澤邉紀生「会計と凡庸なる悪」『日本情報経営学会誌』第四〇巻第一・二号、二〇二〇年）

ところが二〇一四年五月に行われた、城西国際大学の櫻井通晴（みちはる）客員教授と東芝財務部の松永靖弘（やすひろ）企画担当グループ長との対談で、松永氏はトップとミドルとの間の「キャッチボール」が減ったことを認め、九〇年代ころまでは一次、二次、三次とやっていたが、いまは一回で終わらせており、だんだんプロセスを簡素化していると証言している（『企業会計』第六六巻第八号、二〇一四年）。

東芝の不正会計が発覚する前の年の発言だけに、下からの主張が影をひそめ、一方的な上下関係に変化した組織が不正の温床になった可能性がうかがえる。対談のなかで櫻井教授も述べているように、キャッチボールが減ったのは東芝にかぎったことではなく、日本企業の一般的な傾向だといえよう。

蔓延する「消極的利己主義」

このように自ら行動しないし何も言わないという態度が、組織のなかで働く人たちの「常識」として定着、もしくは定番の処世術として徐々に浸透してきているようである。

さらにその「常識」は組織で働く人だけでなく、日本社会全体に広がっている可能性がある。それを印象づけるシーンがあった。二〇一七年八月に行われた夏の高校野球選手権大会の開会式。選手の入場が終わり、選手たちは各校のプラカードを掲げた女子生徒の後ろに並んだ。球場全体が静寂に包まれるなか、一人の女子生徒が突然、バッタリと倒れた。周りの選手や生徒たちがただちに助けに行くかと思いきや、だれ一人として自分から助けようとしない。しばらくたってようやく大会関係者に救護され連れられていった。

このシーンはテレビの画面に映し出されたのでひときわショッキングだったものの、けっして特殊なケースではない。電車で痴漢に遭ったとき周囲の人は皆知らぬふりをしていたとか、雨のなかで倒れても目の前の人はだれも助けてくれなかったという体験談は山ほどある。むしろ助けてくれたという話が感動的な美談として語られたり、警察から表彰されたりするくらい「珍しい」のである。

いずれにしても日本人の間に、自ら行動しないという態度が広がってきていることはたしかなようだ。そして、それは少なくとも短期的には個人にとって合理的なのかもしれない。

一般に、人は過去の経験や想像にもとづいて損得を計算する。自ら行動することのプラス面としては獲得できる有形無形の報酬がある。そこには具体的な利益のほか、達成感や自己効力感（やればできるという自信）、周囲からの評価や承認、だれかのために役立てたという満足感など、心理的・社会的な報酬が含まれる。

いっぽう行動することのマイナス面としては、心理的負担感や周囲からの嫉妬・反発、注目されることの恥ずかしさ、想定外のリスクに対する恐れなどがある。これらプラス面とマイナス面を天秤（てんびん）にかけ、マイナス面のほうが大きいと判断すれば行動を控える。「見て見ぬふり」をするのもその一つである。時間的な余裕があればそれを頭のなかで冷静に計算するが、余裕がない場合は直観的に判断する。

このように個人にとって「何もしない」という選択にはそれなりに合理性がある。しかし見方によれば、きわめて利己的な態度である。なぜなら、それは「自分がしなくてもだれかがやってくれる」という甘え、あるいは「どうなってもしかたがない」という考え方につながるからである。別の表現をすれば共同体の一員としての責任を果たさず、ただ共同体の一員としての恩恵にあずかろうとするフリーライド（ただ乗り）の姿勢だともいえる。だから私はそれを「消極的利己主義」と呼んでいる（前掲、拙著『何もしないほうが得な日本』）。

「消極的利己主義」は、だれもが同じ態度や行動を取ったら組織が成り立たないので、普遍性に欠ける行動規準だといえる。にもかかわらず、それが個人にとって合理的だということは、有形無形のインセンティブが不足しているか、負のインセンティブが大きすぎるわけであり、社会システムに何らかの欠陥があることを意味している。

ただ、積極的すなわち作為による利己主義に比べて、不作為による利己主義は気づかれにくく、問題を見えにくくしている。たとえていえば、公金を盗めば犯罪になるが、税金を滞納してもただちに犯罪になるわけではないのと似たようなものだ。

共同体の「空洞化」

ここで強調しておきたいのは、「何もしないほうが得」という態度がまかり通る実態は、本来の共同体のあり方から大きく隔たっているということである。すでに述べたように共同体の存続には「受容」と「自治」という二つの必要条件があり、それが車の両輪のように働いて共同体を維持してきた。

ところが組織のなかで不正やパワハラがあっても積極的に告発したり、声をあげたりしないのは、自分たちの「共同体」を健全に保とうという「自治」の役割を果たしていないことを意味する。真の共同体なら、仲間がいじめられたりハラスメントを受けたりしているのを平然と傍観することなどあり得ない。まして「何もしないほうが得」だから行動しないと決め込むとなると、そこには一種の開き直りさえ感じられる。

一般に共同体型組織の負の側面として、社会的な利益や正義より共同体の存続やメンバーの利益を守るほうを優先しがちであることがあげられる。しかしメンバーが「何もしないほうが得」という態度を取るにいたっては、もはや「利益共同体」としての体もなしていないわけである。

それは一見すると陰徳や滅私を重んずる日本文化のもとではあり得ない態度のようだが、少し見方を変えれば、ある種の日本的な文化が、逆にそのような態度を取ることを可能にしているともいえるのではなかろうか。

西洋における「個」の倫理に対して、日本における「場」の倫理を強調する心理学者の故河合隼雄は、つぎのように述べる。

> 一度場の中にはいってしまうと、よほどのことがないかぎり、その場の中で救われるという利点ももっている。大学に入学すると、よほどの成績でないかぎり卒業できるし、その場の長となったものは場の成員の「面倒をみる」ことが暗黙のうちに義務づけられるのである。
>
> （河合隼雄『母性社会日本の病理』講談社＋α文庫、一九九七年、二四五頁）

この指摘は一種の性善説に立った寛容さであり、陰徳や滅私、礼節を重んずる日本文化のもと、まして狭い共同体のなかには利己的にふるまう者はいないと想定されていたのである。だからこそ想定外、すなわち開き直って利己的にふるまう者が現れ、それが同調圧

図2-1　共同体の「空洞化」

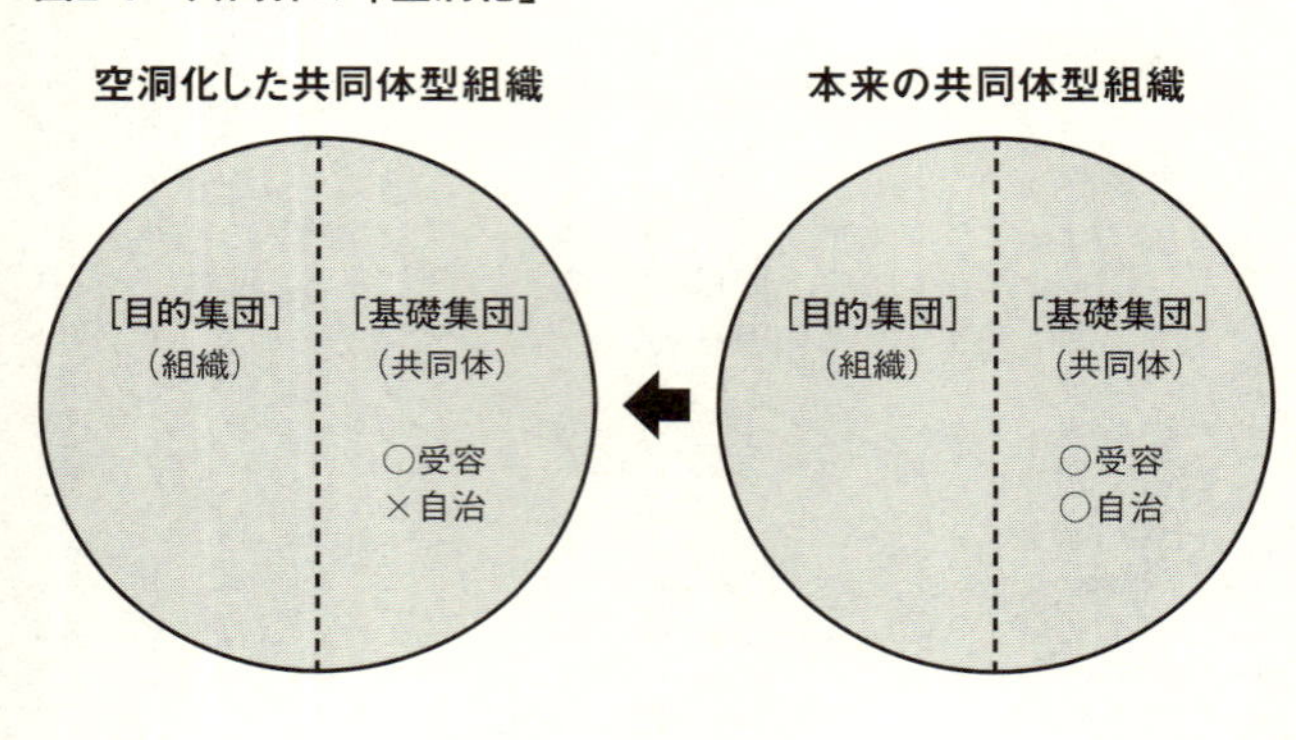

力に屈しないほどの勢力になったとき、組織としては手の打ちようがない。なお、この点は後ほど詳しく論じたい。

いずれにしても、かつての共同体型組織が共同体の要素である「自治」的機能を失い、メンバーを「受容」する側面だけが残ったわけだ（図2−1）。そして共同体に受容されるためにメンバーは、いわばその見返りとして上からの要求を無批判に受け止めるようになった。「受容」と「自治」の関係が、「受容」と「忍従」に変わったのである。

注意すべき点は、「受容」と「自治」の均衡と、「受容」と「忍従」の均衡は、まったく意味が違うということである。前者は共同体を健全に保つための「公的」な均衡であるのに対し、後者は後に論じるように特殊な利益を得ようとする強者と、それに

図2-2　マズローの欲求階層説

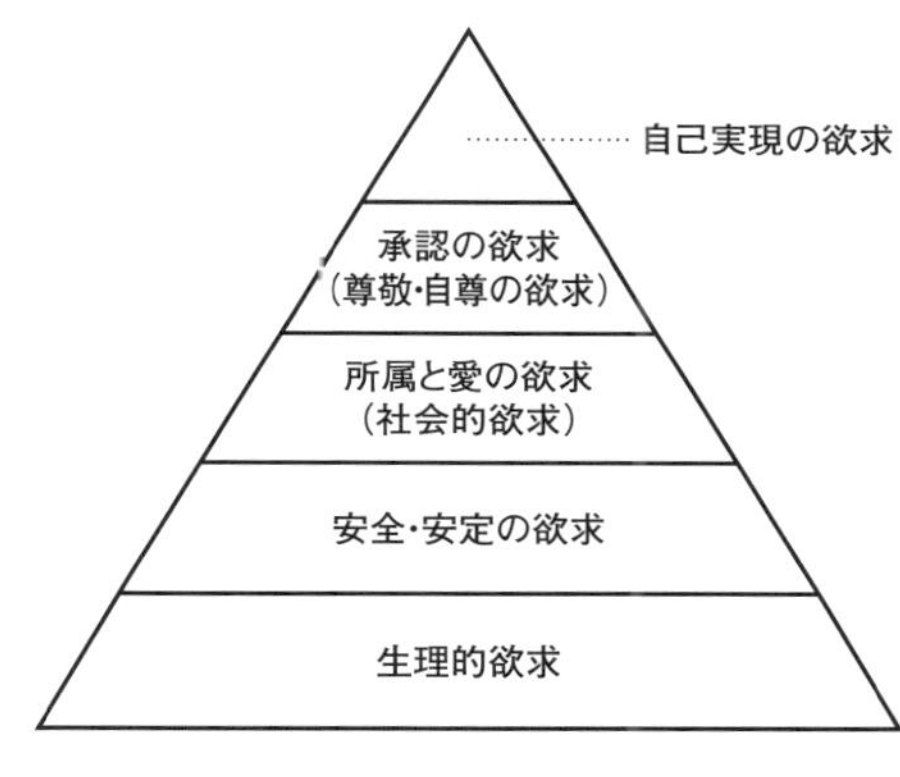

対して身を守る、あるいは取り入る弱者との「私的」な均衡である。

いずれにしても、共同体型組織のなかから健全な自治が消えたのである。

共同体における自治の消滅。本書では、それを共同体の「空洞化」と呼ぶことにする。

脱「共同体依存」の時代

なぜ共同体型組織から「自治」が消えたのか？

原始共同体のころから社会主義の崩壊にいたる歴史が物語るように、共同体には「欠乏の時代」の産物としての一面がある。それはA・H・マズローの有名な欲求階層説（図２－２）に照らしても納得できよう。

マズローのいう生理的欲求や安全・安定の欲求

が満たされない段階、すなわち衣食住が十分にまかなえなかった時代、生命や生活の安全が脅かされているときには、個人の自由を制限してでも団結する必要がある（戦時中やコロナ下もそうだった）。また社会的欲求を満たすためにも、仲間どうしが寄り添う共同体は都合がよい。

ところがそれらの欲求がある程度満たされると、共同体の重要性は低下する。そして上位の欲求が呼び起こされると、それらの欲求を充足することに対して共同体が逆に足を引っぱる場面が増えてくる。たとえば生活のために犠牲にしてきた自由を取り戻すには、共同体の過剰な束縛を取り払うことが必要だ。またマズローのいう承認欲求や自己実現欲求を広い世界で満たそうとすると、共同体の枠を超えて活躍し、外の世界から評価されなければならない。もっともマズロー自身は、自己実現欲求以外の欲求をすべて「欠乏動機」に含めている（A・H・マズロー『人間性の心理学』小口忠彦訳、産業能率短期大学出版部、一九七一年）ことを断っておきたい。

ここで述べた欲求の高次化は、日本社会の発展プロセスにそのまま当てはまる。

すでに述べたように、日本の経済水準が比較的低く、社会のインフラも十分に整っていない時代には、個人からすると共同体の一員として庇護されることには多くのメリットがあった。もちろん、そこでは自由や個性の発揮が制限されるというデメリットもあったが、当時はメリットがデメリットを大きく上回っていたのだ。したがって自分たちの共同体が発展するために貢献しようという気持ちも強かった。真の意味での組織愛である。

しかし日本の経済水準が向上し、社会のインフラも徐々に整ってくると、個人は共同体に必ずしも依存しなくてもすむようになった。

企業を中心に見ていこう。

戦後の民主化によって労働運動が認められて以降、三井三池争議、国鉄の人員整理反対闘争など各地で激しい労働運動が繰り広げられた。なかには政治的色彩を帯びるものもあったが、雇用の維持、苛酷な労働環境の改善、賃上げなど労働者にとって切実な問題が争点になっていた。しかし一九七〇年代をピークに、ストライキをともなうような激しい労働運動は減少の一途をたどった。ちなみに厚生労働省の統計によると、国内の総争議は一九七四年の一万四六二件をピークに減少傾向をたどり、二〇二三年には二九二件にとどまっている（厚生労働省「労働争議統計」）。

いっぽう被雇用者のなかで労働組合に加入している人の割合を表す労働組合の（推定）組織率も、一九四九年の五五・八％から低落傾向が続き、最新の二〇二四年には一六・一

%と二割を大きく下回っている（厚生労働省「労働組合基礎調査」）。

争議件数の減少や組合組織率の低下は、労働組合そのものの存在感が薄れていることを意味する。労働者が組合に期待し、頼ってきたものが経済の成長、社会の成熟にともなって自然と満たされてきたのである。

たとえば日本の失業率は他国と比べて低い水準が保たれており、雇用に対する危機感は薄い。また職場環境は改善され、かつて3K（キツい、汚い、危険）と呼ばれたような職場は少なくなった。そして、時間外労働の上限規制や年次有給休暇の取得義務化などを定めた働き方改革関連法が二〇一九年四月から順次施行され、パワハラ防止法が二〇二〇年六月（中小企業は二〇二二年四月）から施行されるなど、この一〇年ほどの間に労働者保護の法律が整備された。また近年は労働審判制度の導入など、労働者の保護につながる環境づくりも進んだ。

そして労使関係における中心的なテーマだった賃金についても、近年は企業が人材確保のため自発的に引き上げ、政府も企業に対して賃上げを積極的に働きかけるなど状況が大きく様変わりした。

その結果、労働組合の必要性をあまり感じない社員が増えたのだ。組合に入っていても

「何となく」、あるいは「つきあいで」という意識の組合員が大半で、とりわけ若手組合員に役員を引き受けてもらうのは難航すると組合幹部は悩みを打ち明ける。

いっぽうで上司の側の部下に対する関わり方も変わった。パワハラなどハラスメントのリスクを恐れて、部下に厳しい態度を取ったり強く要求したりすることが少なくなり、部下を飲みに誘うことも減ってきた。必然的に職場のコミュニケーションが淡泊になっている。上司の側にも、部下に対して「深く関わらないほうが得だ」という本音が見え隠れする。

自慢のQCサークルも衰退

何事でも同じだが、必要性がなくなれば機能は衰える。自分たちの手で会社という共同体と社員の生活を守らなければならない、という責任感と連帯感がなくなれば、「自治」の機能は弱まっていく。あとは波風を立てず、無難に職業生活を送ろうという気持ちになっても不思議ではない。

「自治」「自主」をモットーにするQC（品質管理）サークルなど小集団活動の盛衰も、それを象徴的に表している。

職場のメンバーによる「自主的」活動であるQCサークルは、一九五〇年代に日本企業の製造現場に導入されると爆発的に広がり、製造現場のみならず事務や営業などの部門にも導入が進んだ。「自主的」活動とはいうものの、実際は企業主導で進められたのが現実である。しかし当時は勤務時間外に無給で行われ、また活動が長期間継続したことなどからもわかるように、半面では社員の主体性が活動の原動力になっていたことは否定しがたい。

ところが一九九〇年代あたりからQCサークルは下火になり、やがて消滅したところや細々と続いているところが多い。すでに役目を終えたとか新たな品質管理手法にとって代わられたなどの理由もあるが、業務の一環として手当を支給するようになったにもかかわらず一時の盛り上がりを欠くところをみると、やはり「自主的」活動に対する社員たちの熱量が低下したことも一因だといわざるを得ない。

こうした変化を俯瞰してみると、多くの日本企業では、共同体を支える二本の柱のうち「自治」が薄れ、「受容」だけが残ったことがうかがえる。それはもはや本来の意味では「共同体」と呼べない。共同体としての内実を欠いた「似而非（えせ）共同体」、すなわち「もの言わぬ集団」に変質したのである。

社員の消極性は人事制度に一因

ここで重要なことをつけ加えておかなければならない。共同体型組織のなかから「自治」が消え、「もの言わぬ集団」になったのは、社会環境の変化により自治の必要性が低下したことだけが原因ではないという点である。集団単位の行動と個人単位の行動とは必ずしも一致しない。自治は「私たちの組織」を守るためという集団単位の行動である。たとえ自治の必要性が薄れても、自ら行動し、組織のために貢献することが自分の利益につながると考えたら積極的に貢献するはずである。

そうしない理由は何か？

大きな理由は共同体型組織特有の働き方と人事制度のなかに隠れており、そこにある意味で決定的な弱点が存在する。

第1章で述べたように、共同体型組織は公式組織（目的集団）と共同体（基礎集団）の両方の要素が絡み合っている。両者は本来、まったく異質なものであり、メンバーの「善意」により、かろうじて維持されてきたといえる。言い替えればメンバーが機会主義、すなわち自分の置かれた条件を利用して利己的な行動を取るようになると、共同体型組織は存続できなくなるわけである。

なお機会主義の弊害は、前章で指摘したように組織のトップや管理職によるパワハラ、内部告発に対する抑圧といったように組織の上位層の行動として表れる場合もあれば、部下や現場の人たちの行動として表れる場合もある。ここでは後者に焦点を当てよう。

前述したとおり、共同体型組織においては個人が組織や集団から「未分化」で、課や係など集団単位で行う仕事が多い。それゆえ一人ひとりの成果や貢献度を正確に把握することが難しい。その結果、おのずと評価には主観や裁量が入りやすく、よほど目に余る開きとか能力不足でもないかぎり、処遇に大きな差をつけることができない。放っておいても手を抜いたり、力を出し惜しんだりしないという暗黙の前提、すなわち性善説を採らざるを得ないのだ。そして性善説に立つ以上、それが裏切られたときは対処できない。さらに一人ひとりの分担が明確に決められていないと、問題が起きたときに責任の所在が不明確になる。そのことが「集団無責任体制」につながりやすい。

また共同体型組織では賃金原資も、役職ポストもあらゆるインセンティブがかぎられているので、おのずと減点主義になりがちだ。そして共同体は、そのなかで波風を立て、和を乱す者がいると、組織・集団として成り立たなくなる。

こうした理由から内面的な「自治」の精神が消えたとき、リスクを冒して新しいこと、難しい仕事にチャレンジするより、周りと歩調を合わせ無難な道を歩むほうが得だと考える者が増えてくるのである。

成果主義も裏目に

ただ、企業側もまったく手を打たなかったわけではない。バブル崩壊後の一九九〇年代からは、大企業もそれまで聖域だった雇用に手をつけリストラを行ったり、成果主義を取り入れたりするところが増えてきた。しかし集団的な執務体制やローテーション人事をはじめとする従来の組織・人事の大枠を変えない以上、社員の行動を大きく変えることはできないし、そもそも日本には一方的な解雇の制限という厚い壁がある。多くの社員たちはこうした状況をながめながら、いくら「肩たたき」されようが会社にしがみついていたほうが得だということを確信するようになった。

それればかりか、会社に「ぶら下がる」ことに対して、社員が心のなかで多少なりとも抱いてきた後ろめたさをぬぐい去り、ドライで打算的な関わり方を加速したという点で企業側は大きな代償を払ったといえるだろう。

ところで社員を受け身にしているもう一つの理由として、いわゆる「心理的安全性」の低さがあげられる。たしかに日本の組織では雇用保障が厚く、よほどのことがないかぎりクビになることはない。しかしクビになるリスクは小さくても、働きがいのある仕事を続けられるか、意に反した転勤や配置転換を命じられないかといったレベルでは「心理的安全性」が必ずしも高いとはいえない。

たとえば評価者の主観や裁量が入りやすい評価制度のもとでは、「何が評価に響くかわからない」という不安を招く。上司に反論したり、周りが残っているのに早く帰ったりするだけでも評価に響くかもしれないと疑心暗鬼が生じるのだ。しかも日本企業では社員の配属・異動は企業の専権事項となっているため、上司や人事部の胸三寸でどこに異動させられるかわからない。かりに経験のない職場へ異動させられたら、これまでのキャリアが途絶してしまうし、遠隔地へ転勤させられたら、自分だけでなく家族の生活まで大きな影響を受ける。それらの不安が社員を萎縮させ、上司や上層部に対する過剰な忖度をもたらす。長いものに巻かれ、見て見ぬふりをしていたほうがよいと考えるようになっても不思議ではない。

要するに日本特有の組織・人事制度や、働き方の仕組みに照らした場合、積極的に発言したり、行動したりしないのは、個人にとっては理にかなっているわけである。個人レベルでのそうした功利的な態度が、「もの言わぬ集団」への変化に拍車をかけているといえよう。

もともと共同体型組織では個人が組織や集団に溶け込んでいるため、責任の所在が不明確になりやすいところへ持ってきて、メンバーに「自治」の精神が消えると「集団無責任体制」に歯止めがかからなくなるのだ。

派閥解消の背後にも空洞化の影が

ところで共同体における自治機能の低下という変化は、企業以外の組織でも見られる。そして、それが組織を崩壊の危機に陥れる原因になっている。

自民党の派閥解消もその一つだ。

前述したように政治資金パーティーによる裏金づくりがきっかけとなり、大半の派閥が解散に追い込まれた。背後に透けて見えるのは、やはり共同体の「空洞化」である。

現代日本政治論などを専門とする政治学者の中北浩爾(こうじ)は、自民党の派閥が有する機能のうち重要なものとして、①総裁選挙での候補者の擁立と支援、②国政選挙での候補者の擁立と支援、③政治資金の調達と提供、④政府・国会・党のポストの配分の四つをあげている。

そのうえで一九九〇年代に行われた政治改革を受け、②と③について派閥の役割は大きく低下し、党本部に重心が移ったと指摘する。中選挙区制から小選挙区制への移行によって同士討ちがなくなり、派閥が衆議院選挙に関与する度合いが低下したこと、政治資金制度改革により政党交付金の配分権を有する党の力が増すいっぽうで、派閥の資金力が減退したことなどが原因だといわれる。さらに①と④についても派閥の機能は減退していると述べている（中北浩爾『自民党―「一強」の実像』中公新書、二〇一七年、二四～四〇頁）。

また同じく政治学者の濱本真輔は、政治改革にともない、有権者が政党を重視して投票するようになったことや、総裁へのルートが変化して派閥領袖が必要条件ではなくなったいっぽうで選挙上の人気がより重視されるようになり、派閥が総裁を拘束する力が落ちたことを指摘している（濱本真輔『日本の国会議員―政治改革後の限界と可能性』中公新書、二〇二二年、二四八～二四九頁）。

こうした派閥機能の低下の結果、派閥は上意下達機関化され、派閥の運営においてもメンバーは一方的に聞くだけになっていることが多いという（前掲、中北『自民党』四四～四五頁)。

要するに派閥そのものの存在感や必要性が乏しくなったため「自治」機能が低下し、不祥事がきっかけで一気に解体されたのだろう。そう考えたら、不正の温床だった派閥を解消するという表向きの説明とは裏腹に、崩壊への地殻変動はすでに起きていて、裏金問題は派閥解消の単なる引き金に過ぎなかったのかもしれない。

いずれにしても共同体が果たしてきた自治機能が、政策など外部の機能によって代替され、共同体の空洞化を招いた。それが組織の崩壊につながったという図式は企業の場合とほぼ同じである。

空洞化現象は大学でも

さらに、これら世間が注目する組織だけではなく、私たちの身の回りでも同様の現象が起きている。次章で取りあげるＰＴＡや町内会では役員のなり手が不足し、その選出をめぐって深刻な軋轢（あつれき）が生じている。また学生運動華やかなりしころから様変わりして、すっかりおとなしくなった大学の姿も象徴的だ。周知のように大学紛争の嵐が吹き荒れた時代には、大学の枠を超える政治的・社会的なテーマのほか、大学の民主化や、学費値上げ反対など、学生の生活に関わるテーマで学生たちが立ちあがって抗議した。ところが近年はそのような光景がすっかり影をひそめ、伝統ある大学においてさえ学生自治会の解散が相次いでいる。

背景には学生の間に無力感が広がったことや、学生の意識が個人化したことなどがあるといわれているが、大学間の学生獲得競争が激しくなり、各大学とも学生に対する支援やサービスを充実させている点も一因だと考えられる。企業や政党派閥と違って、共同体の空洞化がただちに組織崩壊につながるわけではないが、大学の基盤が弱体化している可能性はある。

共同体の空洞化、すなわちメンバーの自治意識が消え、「もの言わぬ集団」と化す現象は、スポーツや芸能関係などの共同体型組織のなかでも静かに進行していると理解して間違いなかろう。したがって一見すると健全そうな組織でも、水面下では危機が迫っているかもしれない。

「一流」の組織ほど内向きになる理由

ところで不祥事を起こしてマスコミで報道され、世間を騒がせる組織の多くには、もう一つの共通点がある。

それは視聴者の関心を引き、批判の目が集まるくらい有名な組織、あるいは世間でエリートと目されるような人たちの集団だという点である。前章であげた組織も、ほとんどが「一流」企業、もしくはライバルがなく事実上「唯一」といえる組織だ。そこに不祥事を見過ごすリスクが隠れている。

一般に一流企業や独占状態にある組織は、給与面その他の待遇がよく、安定していてつぶれる心配がない。ちなみに前章で取りあげた組織でさえ、その大半が大きな不祥事を起こした後も何らかの形で生き残っており、組織のメンバーが職を失い生活に窮しているといった話は聞かれない。さらにメンバーがその組織の一員であることを誇れるようなブランドバリューもある（不祥事が明るみに出るまでは）。

要するに世間一般と比べると、待遇や名声に格段の開きがあるのだ。いわゆる組織の「内外格差」が大きいためメンバーにとっては組織を去ることの損失が大きく、よほどのことがないかぎり組織に留まり、上司や周囲の期待に応えようとする。上司から無理な要求をされても受け入れてしまうし、多少の理不尽も堪え忍ぶ。また前章の多くの事例でそうだったように、組織の不正や上司・同僚のパワハラに気づいていても「見て見ぬふり」をする。

いずれにしても共同体のメンバーは既得権益を守ろうと特殊利益（その集団に属することによって得られる利益）にしがみつくため、内側から共同体を改革する動きはなかなか生まれない。その意味では、番組への出演を拒否されることを恐れるテレビ局が、タレントや芸能事務所の不祥事追及に及び腰になったり、政権から情報をもらう大手マスコミの政権批判が鋭さを欠いたりするのも同じである。もしかすると、それがテレビの地上波離れ、新聞の部数凋落（ちょうらく）といった長期のトレンドと関係しているのかもしれないが。

組織が「利益共同体」となってメンバーの既得権益を守ろうとする意識が強まると、そこに自浄作用が働くどころか、積極的に異分子や反逆者を排除するようになる。たとえば前章で述べたように内部告発者に対して人間関係のネットワークから排除するとか、あいまいな評価制度や人事の広範な裁量権を逆手にとるなど、目に見えない報復が行われるケースもある。

他社へ転職するとき、すなわち共同体から離脱するときに罵倒されたという人も少なくなく、実際に塩を撒かれたという人もいる。これらは共同体の一体感を演出する一種の儀式といえるかもしれない。ちなみに共同体から離れると恐ろしい目に遭い、不幸になるという「出離」のタブーは明治時代から語られており（吉本隆明『共同幻想論』角川学芸出版、一九八二年）、恐怖を用いた囲い込み体質は今日まで受け継がれていることがうかがえる。

空気が読める人材を採用したい日本企業

大きな問題は、このように空洞化した共同体は、とりあえず権力者や体制側にとって都合がよいというところにある。自ら返り血を浴びるリスクなく強権を行使したり、ルールや慣行を盾に無理難題を押しつけたりできるからである。しかもメンバーの従順さや忖度、メンバーどうしによる異端者・反逆者の排除といった行動は、権力者にとって心地よいだけに自戒の精神を鈍らせる。

注目すべき調査結果がある。早稲田大学教授の吉田文（あや）は、新卒総合職の採用面接経験がある企業人を対象として、二〇一四年一〇月にウェブ調査の結果（有効回答者二四七〇人）を分析している。それによると、「どちらの人材を採用したいか？」という質問に対する、「空気を読んで、円満な人間関係を築くことのできる人材」に近いという回答は外資系企業では事務系：三〇・四％、技術系：三四・〇％だったのに対し、日系非グローバル企業では事務系：六〇・六％、技術系：五二・七％と大きく上回っている。逆に「論理的に相手を説得できる人材」に近いという回答は外資系企業では事務系：六九・六％、技術系：六六・〇％だったのに対し、日系非グローバル企業では事務系：三九・四％、技術系：四七・三％と顕著に少ない（二〇一九年七月一五日付「日本経済新聞」）。

先に紹介した働く人の意識調査の結果では、同僚として「積極的にチャレンジする人」より「周りとの調和を大事にする人」のほうを好む人が圧倒的に多かったが、企業側の本音もそれと符合している。つまり、そこに均衡状態が存在しているわけである。「自治」機能を失うという共同体の空洞化が生じているにもかかわらず、均衡状態が存在するというのは何とも奇妙だ。

しかし、実はそこに落とし穴がある。

3　地獄への道

宝のひょうたん

小学生のころに読んで印象に残っている本がある。『宝のひょうたん』（張天翼『宝のひょうたん』松枝茂夫・君島久子訳、岩波書店、一九五八年）という児童向けに書かれた中国の小説で、要約するとこんな話だ。

主人公の少年、王葆（ワンパオ）は一人で川へ釣りに出かけた。釣り糸を垂らし待っていたが、いつまでたっても魚は一匹も釣れない。ところが突然、パチャっと音がして波紋が起こり、釣り糸が上下に激しく揺さぶられた。釣りを邪魔されたと思って少年が怒鳴ると、答える声がする。それは宝のひょうたんで、釣り上げると、ひょうたんは少年に召使いとして尽くすことを誓ったのだ。そして、だれにも知らせないという約束さえ守れば、少年の願いを何でも叶（かな）えるという。驚いたことに魚がほしければ魚、菓子がほしければ菓子が少年の目の前にすぐ現れる。学校の試験ではよい成績がとれるし、友だちと将棋やトランプをすると必ず勝てる。当然のように少年は大喜びした。

ところが、やがてやっかいなことが起きるようになった。少年が頭の中で思い浮かべただけで、ひょうたんはそれを持ってくる。そして実はひょうたんが持ってきてくれたものは、みんな他人のものだということがわかったのだ。

少年がすっかり参ってしまったところで目が覚め、いままでのことが夢の世界の出来事だとわかった。そして、もう二度とこんな夢を見てはいけないと自分自身に語った。

主人の要求を何でも受け入れ、さらには口に出さずとも忖度し主人の意向に応えようとするひょうたん。それが結果として主人を窮地に陥れてしまう。空洞化した共同体型組織を皮肉ったような話だ。この本を読んだ私は、何でも思いどおりになるのがけっして幸せなことではないと子ども心に思ったが、人間は弱いものなので、つい目先の快楽や誘惑に負けてしまう。そこに悲劇が待っているのだ。

前章で取りあげた組織の崩壊へ向かう過程をもういちど振り返ってみよう。

ビッグモーターの不正では、「上司からの不正な指示に逆らえない雰囲気があった」といわれるし、日大アメフト部の悪質タックル問題では、「内田前監督に物を言えるのは事実上理事長以外いなかった」と指摘されている。また自民党派閥の裏金問題をめぐっては、派閥に言われたら従わざるを得ないという声が多く聞かれたという。

事件は直接的には上司や監督といった上からの支配、圧力によってもたらされたものだが、その裏側にはメンバーの「受容」があったことは見逃せない。当然ながら支配や圧力に抗する余地が、メンバーにどれだけ存在したかはポイントになるが。

さらにダイハツの検査不正を受けた第三者委員会の調査報告書では、「まだまだ未熟な現地開発者をフォローしながらなんとか力業で乗り切った日程が実績となり、無茶苦茶な日程が標準となる」という社員の言葉が取り上げられている。

この点は、とても重要なところである。共同体には本来、「受容」と「自治」の両方が備わっていなければならないと述べたが、「自治」を欠き「受容」のみになった共同体は、上からの要求を拒否できず、少々無理でもなんとかこなしてしまう。するとそれが標準になり、つぎも同じ要求がくる。あるいは、さらに高い目標が与えられる。上がり続ける目標をこなしていくなかで、いずれ限界がやってくる。

そして、いよいよ要求に応えられなくなったとき、不正に手を染める。イメージとしてはバーゲンの詰め放題のようなものだ。欲を出して詰め込みすぎると袋が破れてしまう。それと同じである。

しかし共同体のメンバーがもの言わず、表面的には従順に応じていると、トップや上司は限界がきていることに気づかない。「もの言わぬ集団」が抱えるリスクである。

組織のメンバーが不満を解消する手段として、経済学者のA・O・ハーシュマンは「告発」と「退出」の二つをあげる（A・O・ハーシュマン『組織社会の論理構造―退出・告発・ロイヤルティ』三浦隆之訳、ミネルヴァ書房、一九七五年）。
「告発」は声をあげてうったえることであり、労働者が団結して経営者と交渉したり、世論に働きかけたりすることなどがあげられる。いっぽう「退出」は文字どおり組織から去っていくことであり、会社を辞めることがそれにあたる。

　労働組合の力が強く、外部労働市場が発達していて転職も多い欧米では、「告発」も「退出」も組織の不正やハラスメントなどに対する抑止力として働いている。それに対し、メンバーが積極的に「告発」せず、かといって「退出」もせず組織に留まるようになった共同体型組織では、不正やハラスメントへの抑止力が働かない。

　組織崩壊の危機に陥った前章のケースでも、かりに組織のメンバーが自発的に行動していたら、状況は違っていただろう。社員がクビになる覚悟で不正に対して声をあげたり、元社員が告発したりすると会社がわかっていたら、不正もハラスメントもここまで拡大しなかったに違いない。その意味でメンバーが黙従する組織は『宝のひょうたん』の主人公と同様、長い目で見るとトップにとっても不幸だといえよう。

「心理的契約」を反故にされたとき

ただ、組織にとっては不幸でも、個人にとっては不幸でない場合もある。「告発」も「退出」もせず黙って長いものに巻かれるという姿勢は、たとえ利己的だったとしても、処世術としては理にかなっているかのようだ。しかし、はたしてそれが最適な戦術だろうか？

ここで少し視点を変えて、「もの言わず従う」態度が本人にどのような影響をもたらすかを考えてみよう。

まずは精神的な影響について。すでに述べたように、上からの要求は少々困難でもこなし、必ず期待に応えるという姿勢は、上からの要求をだんだんエスカレートさせ、いっそう大きなプレッシャーを招くことになる。それが心身のストレスや不調をもたらすことは想像に難くない。実際にうつ病休職者を対象にしたある研究では、「どんなに厳しい状況でも、課せられている役割や周囲の期待は裏切れないという考え」がうつの発症に関係するという結果が示されている（中村聡美「うつ病の企業従業員の職場ストレス処理に関わる認知および行動のプロセス」、日本応用心理学会『応用心理学研究』第四一巻第二号、二〇一五年一一月）。

しかも日本人は、このように追い詰められた精神状態に陥りやすい。精神医学の分野では近年、ドイツの精神医学者H・テレンバッハが唱えた「メランコリー親和型」という性格が注目されている。まじめ、几帳面（きちょうめん）で秩序を重んじるといった性格である。そして、この「メランコリー親和型」の性格がストレスを招きやすいことを統計的に裏づけた研究がある（岩田一哲『職場のストレスとそのマネジメント―ストレス蓄積の過程に注目して』創成社、二〇一八年）。

さらにつけ加えるなら、前章で取りあげた組織はいずれも「エリート集団」である。彼らの多くは、学校時代から与えられた課題は完璧にこなす性向が身についている。「できない」とは口が裂けても言い出さない人たちである。ただ社会に出ると、仕事を要求どおり成し遂げる人はつぎつぎと新しい仕事を与えられたり、目標が引き上げられたりして、際限なく負荷がエスカレートする。そのため気がついたらキャパシティを超え、危険な状態に達していたというケースが少なくない。実際、過労死や過労自殺という最悪の結果につながった例もある。

ここにまた注目しておくべき点がある。「もの言わず従う」という日本人、とりわけどれだけ高い目標でも達成しようとする「エリート」の姿勢は、会社や上司に対する信頼にもとづいている。学校時代の延長で考えるなら、高い目標を与えられるのは自分が評価されているからであり、無理をしてでも期待に応え続ければ、けっして悪い扱いはされないはずだ。昨今流行の言葉を使えば、そこに「心理的契約」があると信じられている。

しかし実社会では学生時代のような性善説が通用するとはかぎらない。それが裏切られたとき、肉体的にも精神的にも疲弊するまで自分を追い込んでしまいかねないのだ。

それでも追い込まれたメンバーに対して、世論の支持や社会的な支援があれば、多少なりとも救われるだろう。しかし、そこにはメンバーにとって厳しい現実が待っている。

外の目にさらされた暗部

忘れてならないのは、共同体は閉ざされた内向きの集団だということである。

いくら組織のなかで人間関係がよく、メンバーは公平、平等に扱われていても、それはあくまでも共同体のなかでの「正義」であり、社会的な「正義」だとはかぎらない。いや、それどころか両者はむしろ相反する場合が多い。

例をあげよう。かりに同じ能力を持っていても、大企業の社員と中小企業の社員の給料には大きな格差がある。また中小企業の社員は仕事で大きな失敗をしたり病気で長期に休んだりすると職を失うが、大企業ではよほどのことがないかぎり雇用も地位も保障される。しかも大企業の待遇がよくなり、社内で平等化が進むほど中小企業やフリーランスとの格差は広がる。また同じ大企業でも恩恵を受けるのは正社員だけで、非正社員は厚遇と無縁なのが現実だ。

このような共同体の内と外との格差、つまり「内外格差」が共同体のメンバーを世間の厳しい視線にさらす原因になる。いくら苦しい現実を世間にうったえても、零細企業や非正規の人たちからは「自分たちはもっと苦しいんだ」と突き放されかねない。それを恐れてか、大企業のなかには自社の恵まれた待遇、社員に対する手厚い保障を外部に隠そうとするところがある。

企業では大企業と下請企業、正社員と非正社員。芸能分野では大手芸能事務所や劇団に属する人とそうでない人。大学では特別扱いされる看板スポーツの部員とそれ以外の学生。諸々の内外格差をもたらしている構造的なゆがみが、これまで見てきた不祥事の頻発の背景にあったことを考えると、現状の放置はいよいよ限界に近づいているともいえよう。にもかかわらず組織の内部では自浄作用が働くどころか、メンバーはいっそうもの言わず、組織に従属する姿勢を強めているのではないか。

そこへ外部環境に大きな変化の波が押し寄せてきた。

代表的なものが一九九〇年代ごろから並行して進んだ急速なグローバル化、デジタル化だ。ビジネスがグローバルな競争にさらされることによって、共同体の閉鎖性、非効率な面が批判にさらされ始めた。また海外の文化に触れる機会が増え、共同体型組織の特殊性が際立つようになってきた。

さらにIT革命に象徴されるデジタル化が能力の価値を変え、特定企業のなかでしか通用しない企業特殊的能力や、アナログ的能力の価値が低下した（ただしデジタル化が困難なアナログ的能力のなかには、逆に価値が上がるものもある）。同時に、その会社特有の慣行が見直しを迫られるようになった。

そしてグローバル化やデジタル化は、もう一つの大きな波となって組織を揺さぶり始めた。組織を取り巻く世間の目が格段に厳しくなったのだ。

今世紀初頭あたりから欧米や国際機関は、企業のコンプライアンス（法令遵守）を求める動きが活発化し、つぎつぎと新たな制度が設けられてきた。それを受け、日本でも会社法をはじめとする法改正によってコンプライアンスが強化され、公益通報者（内部通報者）保護法も制定された。企業もまた自社のイメージと企業価値の向上のため、ＣＳＲ（企業の社会的責任）の向上やコンプライアンスの徹底を唱えるようになった。社会的にもポリティカルコレクトネス（政治的正しさ）が叫ばれるなど、組織の内外において不正撲滅の要求水準が上がった。

また二〇一七年にアメリカから始まった、セクハラや性犯罪を告発する #MeToo 運動が短期間に世界を席巻し、セクハラや性犯罪にかぎらず、人権侵害は許さないという社会規範ができあがっていった。しかし共同体型組織のなかには古い体質から抜け出せないところも多く、国内外から厳しく糾弾されることになった。

そこで大きな役割を果たしたのはインターネット、とりわけＳＮＳの普及である。国民の八割以上が利用しているといわれるＳＮＳ。これだけの人が利用しているわけだから、もはや「壁に耳あり障子に目あり」で、どんな不正でもみつけられ公にされる可能性が高い。これまで口をつぐんでいた共同体のメンバーや、アルバイトなどメンバーシップの枠外にいる人、退職した人などがＳＮＳを使って組織の内実を暴露するケースも増えてきた。まして、もともと共同体の外にいる人たちは忖度も手加減もしない。隠れていた不正が一気に白日の下にさらされ、世間の非難を浴びた。

そして深刻化する出版不況のもとで生き残りをかけた週刊誌は、「柳の下」に二匹目、三匹目のどじょうを求め血眼になってターゲットを探す。ネットに載ったスキャンダルは、刺激に飢えた庶民によってＳＮＳで拡散される。このようなパターンがある意味、構造化されたのである。

こうして外からの告発の閾値（反応や現象が起きるのに必要な最小値）が著しく低下した。企業人はいう、もはや建前と本音の使い分けは通用しなくなったし、「清濁併せ呑む」かつての大物タイプは、濁った酒を一滴口にした段階で即淘汰されてしまうと。

前章で分類した三つの支配構造のうち、〈絶対君主型〉と〈官僚制型〉は共同体が空洞化したところへ厳しくなった外の目にさらされ、それが組織崩壊の危機を招いたわけだ。

いっぽう〈伝統墨守型〉の場合は、内部に明らかな変化は見られない。それでも外の目が厳しくなったため、告発を受けるようになったと解釈される。裏を返せば、外の目が厳しくなっているにもかかわらず、時代の変化を踏まえた対応を怠ったために苦しい立場に追い込まれたわけである。

ＳＮＳは忖度しない

もう一つ注目すべき点は、共同体システムそのものの変容である。

図2-3　共同体の「入れ子」構造の変化

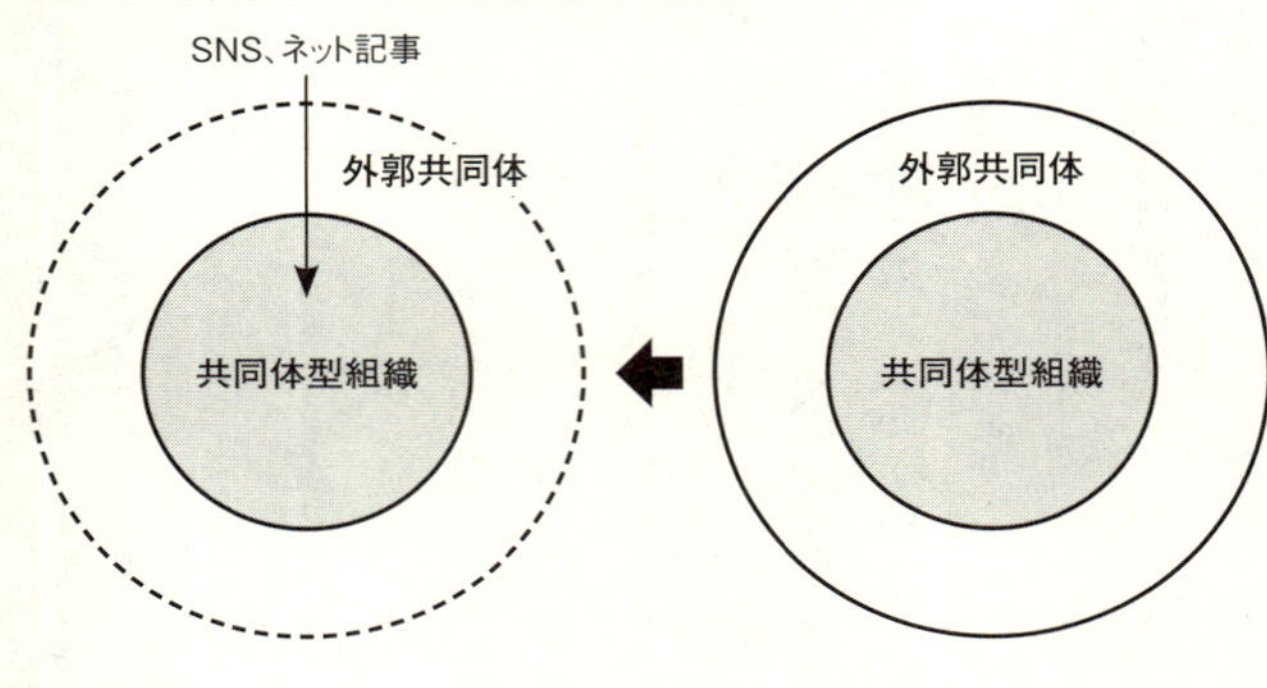

すでに述べたように、日本では共同体が入れ子状態になっている。企業など共同体型組織の外側には業界、政府、そしてマスコミなどがあり、それらもまた共同体としての性質を備えている。したがって、それらを「外郭共同体」と呼ぶことにしよう。

外郭共同体は部分的にせよ、内側の共同体と一種の相互依存関係にあり、共同体型組織を外部からの厳しい批判やプレッシャーから保護する緩衝材の役割を果たしていた。批判を恐れずにいえばマスコミと政府や大手芸能事務所などとは「持ちつ持たれつ」の関係にあり、ジャニーズのケースのようにマスコミは加害行為を知っていても取りあげるのを控えるようなところがあったし、森友学園の問題のように政府と学園の癒着が表立って指摘されないこともあった。

ところが不特定多数の人々からなるＳＮＳは、忖度も手加減もしない。そのＳＮＳが、部分的であるにせよマスコミなど既存の媒体にとって代わった。あるいは外側の共同体に馴れ合いを許さなくなった。図２－３はそのイメージを表したものである。

そうなると、マスコミにしても政府にしても、内側の共同体型組織の不正を大目に見たり制裁に手心を加えたりすることができない。かりにそうしようものなら自身が叩かれ、窮地に陥るからである。

マスコミがジャニーズに対し一転して厳しい報道を始めたのも、自民党が派閥解消への圧力をかけたのも、日本大学がアメフト部の廃止を決めたのも、背景には馴れ合いや手加減を許さなくなったネット社会の存在が垣間見える。相撲協会や各種スポーツ団体だって、もはや内部の組織をかばうことが難しくなったと自覚しているに違いない。ちなみに宮城野部屋力士による暴力行為も、日本相撲協会公式Ｘに届いた告発をきっかけに協会が調査を始め、問題が発覚するという経緯をたどった。

要するに、これまで日本では二重、三重の共同体が内部のメンバーを庇護してきたが、外側の共同体が崩れ、内側の共同体が直接社会の厳しい視線にさらされるようになったわけである。たとえていえば、免疫が低下した人が真冬に突然コートを脱がされたようなものだ。空洞化した共同体にとって、先鋭化した「正義」の告発にはとても耐えられなかったのである。

二〇二三年のドミノ的な組織崩壊には、このような必然性があったといえよう。

孤立するメンバー

では、ここで再び共同体のメンバーに焦点を当ててみよう。

能力に明らかな差がなく、同じように仕事や活動をしても、大企業や伝統のある組織に属しているというだけで高い報酬と安定した地位を保障されている。その内実を知れば知るほど、外部の人は不公平感や理不尽さを強く感じ、嫉妬する。ルサンチマン（怨恨）に近いバッシングの矢は、不正を働いた共同体型組織とそのメンバーに容赦なく放たれる。

すると、これまで内側の共同体型組織に甘かった外郭共同体だけでなくメンバーを庇護してきた共同体型組織も、保身のため手のひらを返したようにメンバーに冷たい態度を取るようになる。一種のスケープゴートづくりである。共同体に対して強まった風当たりは、このように共同体のメンバーにも及ぶのだ。

たとえばジャニーズの件が社会問題になり、事務所が会見して謝罪し、組織改革を発表した後も、大半の企業はジャニーズ所属のタレントをCMから降ろし、NHKをはじめテレビ局もタレントの起用を控えるようになった。そしてジャニーズ事務所も所属タレントを徹底的に守ろうとする姿勢が欠けているという指摘があった。結局、性加害の直接的な責任はないにもかかわらず、ジャニーズ事務所に所属しているというだけでタレントが割を食ったわけである。

自民党国会議員の裏金問題では、二〇二四年四月、安倍派と二階派の議員ら三九人の処分が決まり、うち二人が離党勧告（勧告を受け離党）、二人が一年間の党員資格停止となった。

また不祥事に関わった企業の社員や役所の管理職は、たとえ組織のために不正やパワハラを行ったとしても処分は免れず、世間からはもちろん、持ちつ持たれつの関係にあった取引先からも冷たい視線を浴びる。以前なら不祥事を起こした社員も会社のための行為という大義名分があれば、社内では「戦死」と呼ばれるなど、徹底して当該社員を守ろうとする組織文化があった。しかしSNSなどによる容赦ない攻撃が、それも許さなくなったのだ。

こうして不祥事を起こした組織のメンバーは孤立し、四面楚歌の状態に置かれる。

これを時代の趨勢（すうせい）としてとらえるなら、共同体にぶら下がるようになったメンバーに対する組織の側からの逆襲が始まったといえるかもしれない。それでも組織から退出したり、立ちあがったりする者は少ない。もはや飛び出す覚悟も、立ちあがる勇気も失ってしまったかのようだ。いずれにしても日本型組織特有の共同体とメンバーの蜜月は終焉（しゅうえん）を迎えつつあるといってよかろう。

第3章　身近な組織に迫る危機

1 身近な組織ほど危険

同じリスクは身近にも

本書ではここまで、二〇二三年に世間を騒がせた組織の崩壊劇を取りあげ、背後にある崩壊のメカニズムを説明してきた。読者の多くは自分とは別世界の出来事、いわば「対岸の火事」と受け止めたのではなかろうか。だとしたら、少々楽観的すぎるといわざるを得ない。

というのも私たちが働き、学び、生活する、職場、学校、ＰＴＡ、町内会、そして家庭といった身近な組織も前述したような危機と無縁ではないからだ。これらの組織も同じように崩壊の可能性をはらんでおり、なかにいる人たちは抑圧されたり、苦しめられたり、排除されたりするリスクを抱えている。それどころか実は大きな組織より、いっそうリスクが大きい。本章では、その理由を説明するところから始めよう。

ジャニーズ事務所やビッグモーター、日大アメフト部では絶大な権力を握る権力者が君臨し、その不適切な行動によって組織が崩壊もしくは崩壊の危機に追いやられた。いっぽうダイハツ工業や三菱電機、東芝といった大企業、それに自民党の派閥のような上意下達、内向きで閉鎖的な官僚制組織においては、いわば組織的な不正が繰り返されてきた。そして宝塚歌劇団や大相撲など伝統を重んずる組織では、伝統を踏襲するという名のもとに暴力やパワハラが見過ごされてきた。

このようにタイプは異なるが、共通するのは公式な組織（目的集団）に加えて共同体の「影」の部分が存在したことである。つまりわが国特有の二面性を備えた共同体型組織が不祥事の温床になっており、組織を崩壊の危機にまで追いやったわけである。

このことからわかるのは、事件や不祥事を起こした組織はけっして特殊で例外的な存在ではなかったということだ。したがって同じような危機は、身近な組織でも発生する可能性があることを知っておかなければならない。身近な組織も基本的には大きな組織の相似形だからである。

日本社会に特有の構造として、職場から学校や地域の組織にいたるまで、第1章で述べたような共同体としての性質を備えている。いっぽうで組織としての運営が必要なため、〈絶対君主型〉〈官僚制型〉〈伝統墨守型〉のいずれかの支配構造が備わっていると理解してよい。

共通点はそれだけではない。いずれの組織もメンバーに対するケア、社会的責任はだんだんと強く求められるようになってきた。ところが、あとで個別に見ていくように、逆方向すなわちメンバーの組織に対する貢献は以前ほど求められなくなっている。本来の共同体に必要な「受容」と「自治」のバランスがここでも崩れてきているのである。厳しい表現かもしれないが、メンバーが共同体に「ぶら下がる」ようになったのだ。その結果、第1章であげたケースと同じように、組織が実質的に崩壊したり、崩壊しないまでも機能不全に陥ったりする可能性をはらんでいる。

留意すべき点は、リスクの高さはむしろ大規模な組織と同じレベルにとどまらないということである。意外に思われるかもしれないが、身近な組織、小さな組織ほどむしろメンバーにとってリスクが大きいのである。

分権が個人の自由・権利を奪うという逆説

私たちには先入観がある。自分たちの近いところに権限が下りてきて、身近なリーダーが社会や組織を治めるようになることは喜ばしいと受け止め、歓迎する。たとえば政治の世界では国から地方への分権、企業では本社から支社や支店への権限委譲などは民主的な改革だと評価する人が大半だ。

しかしそこには盲点がある。たしかに分権によって大きな権限が手に入り、自身のプレゼンスも高まった首長や支社長・支店長にとっては万々歳だろう。しかし一般の住民や社員にとって、分権が必ずしもプラスになるとはかぎらず、場合によっては逆に不利益になったり、大きなリスクにさらされたりすることになりかねないのである。

そのことを理論的に考えるうえで役に立つのが、社会学者G・ジンメルの唱えたつぎの命題である。

われわれが身をゆだねる圏が狭ければ狭いほど、われわれはそれだけ個性のよりわずかな自由しかもたない。しかしそのかわりにこの圏そのものは個性的なものであり、まさにそれが小さいものであるから、鋭い限界によって他の圏から区別される。

（G・ジンメル『社会分化論　宗教社会学』居安正訳、青木書店、一九九八年、五四頁）

より狭い圏への帰服は一般的には、できるだけ大きな公共のなかの生存よりは個性そのものの存続にとっては有利ではない。

（同前、五六頁）

かみ砕いていうと、こうである。組織や集団が小さくなるほど、全体が極端な色（多くはトップの色）に染まりやすい。そのためメンバー一人ひとりは自分の色が出せなくなる。制約されるものが個性の発揮だけでないことを考えたら、つぎのように一般化することができよう。

「共同体は規模が小さくなるほど極端化しやすく、個人の自由や権利が脅かされやすくなる」

地方分権を例にとって説明したい。かりに小さな市や町の首長が、特色あるまちをつくるため「芸術のまち」「スポーツのまち」を看板に掲げ、教育やイベント、施設づくりに多額の予算を投入したとしよう。すると芸術やスポーツが好きな市民、芸術やスポーツで身を立てようと考えている生徒にとってはありがたいが、それ以外の人にとっては恩恵が乏しい。むしろ特色に欠けても、各分野へ均等に予算を配分するほうが多くの人のニーズに応えられる。地方分権改革によって自治体の首長の権限が増大した結果、現実にこのような問題が各地で起きている。

企業でも同じような問題が発生する。トップの権限を部課長や支店長にゆだねた場合、部下の立場からすると温厚で優しい上司ならよいが、暴君のような上司に当たったらたまらない。同じ暴君でも、大きな組織全体を支配するより、小さな組織を支配するほうがたやすいからである。

同じことは学校や家庭にも当てはまり、ほかの条件が等しければ、大きな学校より小さな学校、大家族より核家族のほうが個人の自由・権利が脅かされやすいだろう。

そして同じ小さな組織でも上に立つ者にとっては、メンバーが同質的なほうが支配しやすい。そのため異質な人間、異端者を排除したがる。放っておくと、いわゆるダイバーシティとは逆の力学が働くわけである。

小さい組織ほど同調圧力も強くなる

ところで、プレッシャーにしてもストレスにしても、組織の上から下に対して加えられるものととらえがちだが、実際は同僚など横方向から加えられるケースが少なくない。第1章で述べた「ピアプレッシャー」である。上からのプレッシャーには仲間どうしで団結して抵抗することもできるが、味方であるはずの仲間によるプレッシャーは抵抗するすべがなく、いっそう厳しいという見方もできる。一般に小さな組織ほど、縦横からのプレッシャーやストレスは強くなる。

その理由は、組織の規模が小さくなるほどメンバーの同質性が高まるからである。たとえばメンバーが一〇〇人の組織で、リーダーが「休日返上で仕事をしよう」といえば、おそらく反対する人が多く出てきてまとまらないだろう。しかしメンバーが一〇人の組織なら反対する人が多く出てくる可能性は低く、同調圧力は強くなる。したがって内心は不満でも休日返上を受け入れなければならない。

なぜ、メンバーは強制されなくても同調圧力に黙って従うのか。そこには人間の基本的な欲求が関わっている。

一つはマズローのいう社会的欲求、すなわち周りに受け入れられたい、仲間はずれにされたくないという欲求である。仲間はずれにされないため、多少がまんしても周りに従おうとするのである。そしてもう一つは承認欲求、すなわち周りから認められたい、あるいは信頼や評価を失いたくないという欲求である。とくに日本人の場合、職場や学校など自分が所属する組織のなかで認められたい、期待を裏切りたくないという意識が強いため、少々不満があっても周囲の意見や空気に従う傾向がある（拙著『「承認欲求」の呪縛』新潮新

書、二〇一九年、前掲、拙著『日本人の承認欲求』)。

しかも身近な組織ではメンバーどうしの距離が近いうえ、直接交わる機会も多いため、同調圧力に抗(あらが)うことが難しい。日本の職場における頻繁な人事異動や学校のクラス替え、席替えなどは、身近な人たちとの人間関係が濃くなりすぎないための工夫という一面もあるのだ。

2 「ホワイト離職」は崩壊の予兆?

恵まれた職場を去る若者が増加

では、ここから私たちの身近な組織を個別に取りあげるとともに、そこに共通の問題がひそんでいることを明らかにしていきたい。まずは私たちが家庭と並んで多くの時間を過ごす職場から見ていこう。

小さな事務所や課、係といった私たちが働く職場は、大企業、大組織の縮図である。そのため大企業、大組織が陥る「病」がしばしば極端な形で表れる。小さな組織ほど影響が直接個人に及ぶし、外部の目から幾重もの壁で隔てられているため問題が発覚しにくい。大企業でも正門から入って受付を通り、部、課、係と末端の組織に行くほど独特の風土が感じられるものだ。

会社全体では改善が進んでいるように見えても、末端の組織では旧態依然というケースも少なくない。

たとえば〈絶対君主型〉管理職のもとではパワハラやセクハラまがいの行為が繰り返されたり、〈官僚制型〉の職場では重箱の隅をつつくようなマイクロマネジメントがまかり通っていたりする場合がある。

前者については、クリーンなイメージを打ち出している会社でも、現場に行けば信じられないほど封建的な上下関係が存在し、女性蔑視の発言が横行していることがある。また後者について例をあげると、以前は仕事中に外出して銀行や郵便局の窓口で用を足したり、ちょっとした買い物をしたり、同僚と喫茶店に入ったりすることができたが、いまは難しくなった。そんな会社が社員の採用案内では、自由でのびのびと働ける職場という看板を堂々と掲げているのには違和感を抱かずにいられない。

欧米企業では成果を厳しく問ういっぽう、社員の行動管理をゆるめる傾向にあるが、日本企業はそれと逆方向に進みつつあるようだ。

さらに歴史の長い〈伝統墨守型〉の会社では、現場に行くほど独特の慣行やルールが支配していて、新しく入ってきた人が溶け込めず、革新も進まないケースが多い。

そしてもう一つ注目すべき点は、三タイプのいずれにも当てはまらない新しいタイプの問題が職場に浮上してきたことである。

いっとき「ブラック企業」が社会問題になったが、ここのところ日本全体として状況はかなり改善されてきた。前述したような法律改正や世間の厳しい非難にさらされ、極端な長時間労働、パワハラの横行、3K（キツい、汚い、危険）といった職場は著しく減少した。

ところがいま、残業は少なくて有給休暇も取りやすく、上司は優しいし、厳しいノルマもないという「ホワイト」な職場で、若手社員がつぎつぎと辞めていく現象が起きているのだ（古屋星斗『ゆるい職場―若者の不安の知られざる理由』中公新書ラクレ、二〇二二年、金間大介『静かに退職する若者たち―部下との1on1の前に知っておいてほしいこと』PHP研究所、二〇二四年）。

私も実際に経営者やマネジャーから、そのような話をしばしば聞くようになった。みんなが憧れるような有名企業や大手マスコミの社員、霞（かすみ）が関（せき）のキャリア官僚といった若手のエリートたちが、何の前触れもなく急に辞めるケースが目立って増えたという。上司や管理職たちは、「辞める理由が思い当たらない」と頭を抱える。

私は、そこに組織や働き方の根幹に関わる大きな病理現象が隠れていて、職場レベルでそれが表面化したものととらえている。

第2章で述べたように、近年、一般社員の間に「何もしないほうが得」という消極的、受動的な態度が広がっていて、それが不正やパワハラを引き起こす温床になった。そして見過ごせないのは、上司のなかにも部下に対して積極的に関わらない人が増えていることである。とくに近年、パワハラと非難されるのを避けようという意識が過剰になり、部下に対して積極的に指導したり、必要な場面でも叱ったりすることを控える傾向が見られる。実際に社員研修の場でも、上司からもっと積極的に指導や注意をしてほしいという若手の要望が多く聞かれる。

主体性に欠ける部下と放任型の上司という組み合わせにより、職場という共同体の「空洞化」が生じているわけである。

第1章で取りあげた企業、芸能事務所、スポーツ団体など数々の組織不祥事において、背後に組織の「空洞化」があったが、同じ現象が身近な職場レベルでも起きているのだ。

ハーズバーグが教える「ホワイト離職」の原因

職場共同体の「空洞化」がもたらしている現象の一つ、それが「ホワイト離職」なのではなかろうか。これを個人の心理に焦点を当てて分析すると、つぎのような問題が浮かびあがる。人間は職場環境や待遇さえ恵まれていれば、はたして満足できるのだろうか、ということである。

ここで一つの理論を取りあげてみよう。仕事の満足・不満足につながる要因を明らかにした古典的な研究に、アメリカの臨床心理学者F・ハーズバーグの「動機づけ－衛生理論」がある。

私たちは感覚的に満足の反対は不満、すなわち満足と不満を同一次元の対極としてとらえる。それに対して異論を呈し、満足と不満は別次元のものだとする理論を唱えたのがハーズバーグである。彼は膨大な臨床データから、働く人に満足をもたらす要因と不満をもたらす要因は別のものであることを発見し、前者を「動機づけ要因」、後者を「衛生要因」と名づけた。

「動機づけ要因」には達成、承認、仕事そのもの、昇進などが含まれ、いっぽう「衛生要因」には会社の政策と経営、監督技術、対人関係、作業条件などが含まれている。なお給与もどちらかというと「衛生要因」に近い（F・ハーズバーグ『仕事と人間性　動機づけ－衛生理論の新展開』北野利信訳、東洋経済新報社、一九六八年）。

この理論のポイントは二つある。まず、動機づけ要因はいずれも仕事の内容に関係するもので、自分が主体になっているのに対し、衛生要因は仕事の環境に関するもので、自分は客体だということである。もう一つのポイントは、いくら衛生要因を満たし不満を解消しても、それだけでは満足、そして自発的なモチベーションにつながらないというところにある。

これを「ホワイト」な職場に当てはめると、たしかに衛生要因はおおむね満たされているといえよう。しかし達成、承認などの動機づけ要因は必ずしも満たされていないのではなかろうか。安定していて待遇もよい会社ほど、逆に何かを達成して賞賛されるような機会は少ないかもしれない。しかも前述したように、上司が部下に対して積極的に関わらない「空洞化」した職場では、達成感が得られにくく、承認欲求も満たされない。

裏づけとなるようなエピソードは少なくない。その一つを紹介しよう。

かつて好景気のころ、日本を代表するメーカーで新人の社員がつぎつぎと退職する出来事があった。当時社内では、おそらくライバル企業に高給で引き抜かれたのだろうといわれていた。ところが退職者を追跡調査したところ、意外な原因が浮かびあがった。先輩から認めてもらえなかったことが主な退職理由だったのだ。当時は好景気で仕事が忙しかったため、先輩が新人を認めたり、ほめたりする余裕がなかったのである。

逆の事例も存在する。ある中小企業では工作機械の組み立てを丸ごと社員一人ひとりに任せ、組み立てた機械に製作者のネームプレートを貼って出荷するようにした。よい機械をつくれるか否かは自分次第だし、よい機械をつくれば納入先から評価が返ってくる。仕事で達成感が得られ、承認欲求を満たせるようになったため、若手の離職がほぼ皆無になり、モチベーションも目に見えて向上したという（拙著『承認欲求――「認められたい」をどう活かすか？』東洋経済新報社、二〇〇七年、第三章）。

要するに「ホワイト離職」の主要な原因は、仕事の意欲ややりがいにつながる動機づけ要因が十分に満たされないことにあるといえそうだ。

もちろん企業も、仕事のやりがいやエンゲージメントには敏感になりつつある。上司と部下の間にあるスキマを感じ取った企業のなかには、上司と部下が一対一で対話する「1

on 1ミーティング」などを取り入れるところが増えている。しかし職場共同体の空洞化という構造が変わらない以上、月に一度か二度の形式的な対話だけで問題が解決するとは思えない。

未成熟な部下に放任型上司という不幸な組み合わせ

当然ながら空洞化した職場共同体がもたらす問題は「ホワイト離職」だけではない。長年ハラスメントの研究に携わってきた社会疫学者の津野香奈美は、放任型上司のもとでハラスメントが起きやすいことをデータによって明らかにしている。とくに日本では年功序列で適切なリーダーシップトレーニングを受けずに管理職になることが多いため、部下に対してどのように関わったらよいのかわからず、結果的に消極放任型になってしまう上司が少なくないと指摘する（津野香奈美『パワハラ上司を科学する』ちくま新書、二〇二三年、第三章）。

ただ誤解を招かないために指摘しておくと、放任型の上司が必ずしも悪いわけではない。たとえばP・ハーシーとK・H・ブランチャード（『行動科学の展開―人的資源の活用』山本成二・水野基・成田攻訳、日本生産性本部、一九七八年）によれば、部下のマチュリティが高いときは、仕事にも人間関係にもあまり関与しない「委任型」（ここでいう放任型に近い）のリーダーシップが有効だと述べている。なおマチュリティとは、「達成可能な、しかし、できるだけ高い目標を設定しようとする本人の基本的な姿勢（成就意欲）、責任負担の意志と能力、ならびに、対象となる相手または集団が持つ教育なり経験なりの程度」と定義されている（同前、二二〇頁）。

要するに部下の成熟度が高く、自律的・主体的に行動できる場合は干渉せず任せきりにしておいてもよいが、そうでない場合は、部下にとっても組織にとっても望ましくない結果を招くということだ。残念ながら近年の日本では、未成熟な部下が多いのが現状なので、部下に対して任せきりにするのはリスクが大きいといえよう。

以上、職場共同体に起きている主な病理現象を取り上げてきた。そこには一方で同調圧力や管理強化（マイクロマネジメント）、他方では放任や不関与といった方向性の異なるものが混在している。一見すると矛盾をはらんだ現象だが、実はいずれも共同体の「空洞化」＝「自治機能の低下」と関係していることを見逃してはいけない。

つぎに、それが職場だけの問題ではないことを見ていこう。

3　PTA、町内会は最後の聖域

「関わりたくない」がほぼ三分の二

「廊下を歩くと、きつい会議から解放されたばかりのお母さんが、急に緊張がとけたせいか歯をガチガチいわせていたり、歩行困難に陥ったり、目に涙を浮かべたりしているのに出会った」（川端裕人『PTA再活用論―悩ましき現実を超えて』中公新書ラクレ、二〇〇八年、一〇一頁）。

作家である著者が、PTAの役員として小学校高学年クラスの役員選びにオブザーバー参加したときの経験を書いたものだ。著者自身、終わった後で手の震えが止まらなくなったそうだ。

これは特異なケースではない。役員を決めるくじ引きで役員が当たったとたんに泣き出す人や、狼狽（ろうばい）する人は珍しくない。それもそのはずで、役員が当たったら問答無用で計画表に沿った行事への参加と無償労働が押しつけられる。役員免除のために医師の診断書や介護の証明書を求めるところもあるという。任意団体であるにもかかわらず、これだけ理

図3-1　PTAの活動には深く関わりたくないか

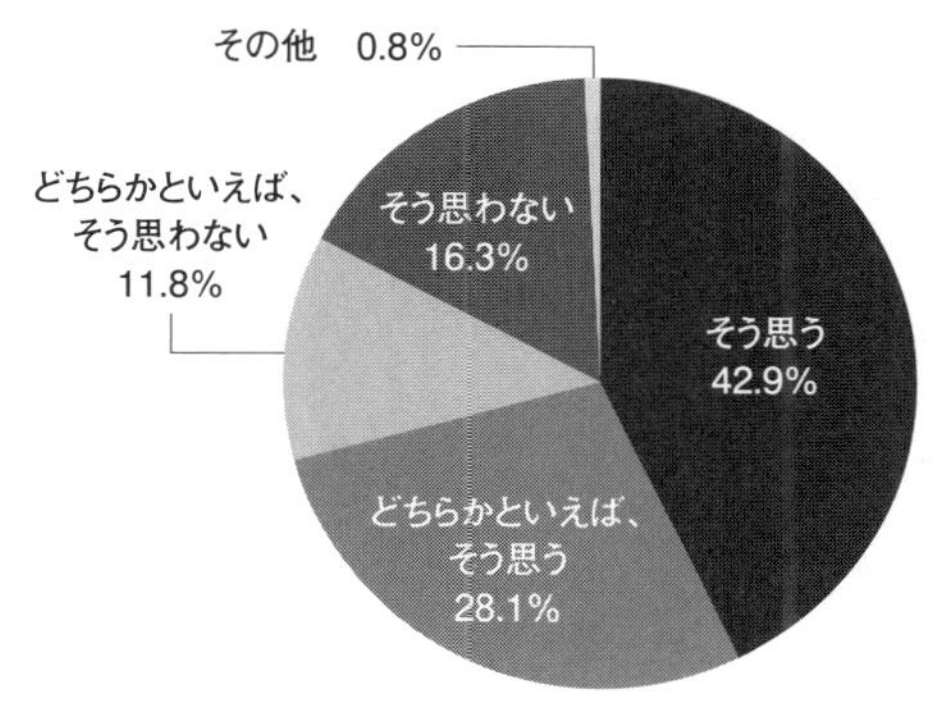

不尽がまかり通っている組織がほかにあるだろうか？

ないとはいえない。町内会（自治会）の役員選びでも、あちこちで似たような光景が見られる。

私たちの身近な組織でありながら、いま最も改革が遅れていて、危機的状況に置かれているのがＰＴＡと町内会だろう。両者の間には、いくつかの共通点がある。

第一に、どちらも居住する地域を範囲とする組織であること（ＰＴＡの場合、私立校や高等学校など例外はあるが）。第二に、本来は加入が自由な任意団体でありながら、入会資格があれば加入するのが当然視されていること。第三に、活動を担うのが会員のなかでも主に役員であること。第四に、主婦など女性が大きな役割を担っていること。そ

図3-2　町内会などの活動には深く関わりたくないか

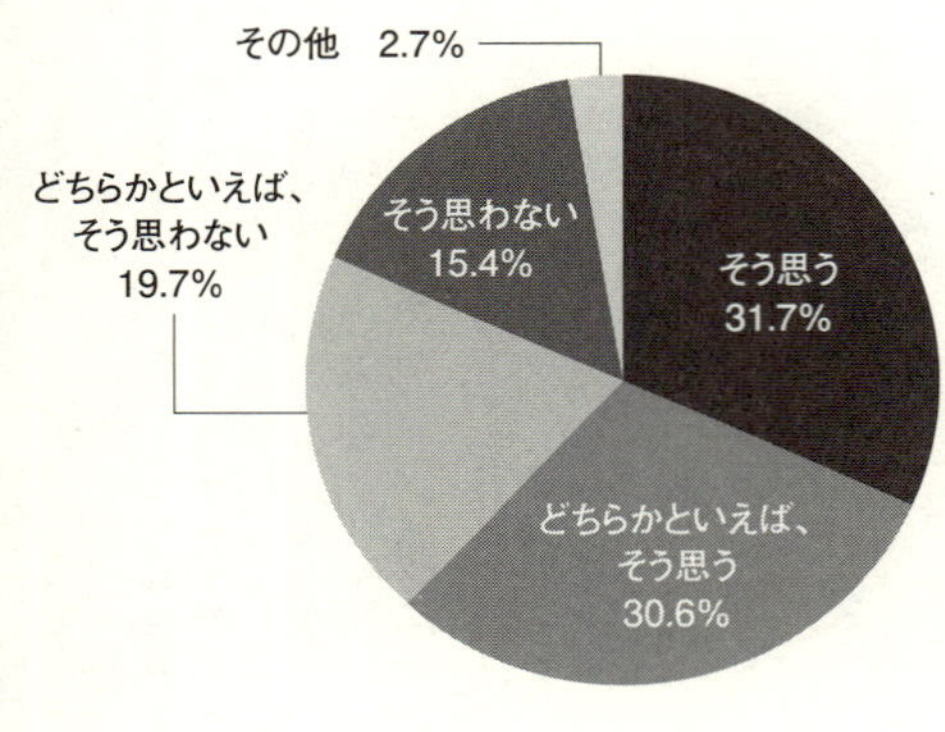

n=527
(注)
対象は
専業主婦（主夫）
を含む社会人。

して第五に、上部団体の下部機構としての役割を担っているケースが多いこと。このように共通点が多く、直面する問題点も似ているため、以下では特別な場合を除き両者を一緒に論じることにしたい。

まずPTAや町内会に対する関わり方として、人々がどのように考えているかを見よう。

二〇二二年に行ったウェブ調査（第2章七二ページ）では中学生以下の子を持つ人に対し、「PTAの活動には、深く関わりたくないと思いますか?」と質問したところ、「そう思う」「どちらかといえば、そう思う」という回答が、合わせて七一・〇%を占めた（図3－1）。その理由については、「面倒」「煩わしい」という旨の記述が圧倒的に多かった。その他「時間をとられたくない」

とか「時間がない」など時間的制約をあげる人も多い。

町内会についても調査対象は異なる（専業主婦・主夫を含む社会人が対象）ものの、傾向はほぼ同じで、深く関わりたくないかという質問に対して「そう思う」「どちらかといえば、そう思う」と答えた人が合計で六二・三％に達した（図3－2）。関わりたくないという理由もＰＴＡと同様、「面倒」「煩わしい」が突出しており、「時間をとられたくない」と答えた人も少なくなかった。

こうして見ると心理的な「組織離れ」が、これまで取りあげてきたいずれの組織よりいっそう鮮明に表れていることがわかる。その背景にはいったい何があるのだろうか？

「自治」が活発だった時代

大きな理由が二つあると考えられる。

一つは、不祥事を起こした企業に見られたのと同じような共同体の空洞化だ。まず「空洞化」前の姿を覗(のぞ)いてみよう。地域における自治組織の象徴ともいえる団地が果たしていた役割について、つぎのような記述がある。

初期の団地では自治会活動が活発に行われていた。自治会では住民たちの共同生活やニーズに関する活動、たとえば住民同士の苦情の処理や団地新聞の発行、牛乳や灯油の共同購入、地方自治体への保育施設の要求など多彩な活動がなされた。活動にあたっては、「民主主義」が大きなキーワードになり、討論や選挙にもとづく民主的な運営が目指されていることも少なくなかった。
（本多真隆『「家庭」の誕生―理想と現実の歴史を追う』ちくま新書、二〇二三年、二四五頁）

文字どおりの「自治」が活発に行われていたことが読み取れる。正真正銘の「自治会」だったのだ。なお国策の一環としてつくられた町内会と、住民が自発的につくった団地自治会とは違うという指摘（原武史『団地の空間政治学』ＮＨＫブックス、二〇一二年、五六頁）はあるが、町内会についても、たとえば戦後の混乱期に物資の調達や配達など草の根レベルで住民の生活を支えてきたという歴史的事実は無視できない。したがって組織と個人の関係性に注目するかぎり、両者の間に決定的な違いはないといえよう。

果たしてきた役割の大きさはＰＴＡも変わらない。

戦後、ＧＨＱ主導のもとで設立されたＰＴＡも、児童・生徒の健全な育成や教育環境づくりに貢献してきた。学校給食の制度化、教科書の無償配布、校舎の増築、それに文部行政への要望など、果たした役割は大きい。またスポーツ教室や講演会の開催など、主として親の学習や交流の機会を提供してきた。

そして現在も多くのPTA、とりわけ「単P」（単位PTA）と呼ばれる各学校のPTAが登下校の見守り、学校と保護者のコミュニケーション、学校行事の手伝い、広報誌の作成などの活動を行っている。

女性の社会進出で高まる「自治のコスト」

しかしPTAにしても町内会にしても、誕生した当初と現在とでは、取り巻く環境が様変わりしている。そして期待される役割も変わってきている。

大きな要因の一つは、社会が豊かになり、さまざまなインフラが整備されてきたことである。たとえば教育や育児の施設は整い、給食の制度化や教科書の無償配布といった目標はとっくに達成されたし、団地自治会が行っていた生活物資の共同購入などに頼らなくても、個々の家庭で不自由なく調達できるようになった。また社会学者の倉沢進によれば、かつては町内会が担ってきた、橋を架け道を作るといった自治的な活動のうち、中核部分は行政が行うようになり、町内会や住民は橋の修繕や清掃といった周辺的末端的部分のみを分担するようになってきた（倉沢進編著『改訂版 コミュニティ論』放送大学教育振興会、二〇〇二年、四二頁）。

つまり、人々がＰＴＡ、町内会といった組織に頼らなくてもすむようになったわけである。その点は、社宅、独身寮や社員旅行といった会社の福利厚生、あるいは処遇改善のために戦う労働組合の恩恵をあまり感じなくなった社員の会社離れ、組合離れと通じるものがある。

組織から受ける恩恵が小さくなると、参加することの負担、すなわち「自治のコスト」が強く意識されるようになる。何のために貴重な時間を割いて、無償で働いているのかと、疑問に感じる人が増えてくるわけだ。

そして「自治のコスト」をいっそう大きくしているのが、女性の社会進出である。すでに述べたようにＰＴＡにしても町内会にしても、実質上、活動を担っていたのは圧倒的に女性、とくに専業主婦だった。しかし近年は共働き世帯が急速に増加し、専業主婦は減少している。その結果、活動に参加できる時間的余裕が乏しくなってきた。

たとえば大阪府ＰＴＡ協議会が、大阪市を除く大阪府全域の公立中学校二年生・小学校五年生の保護者および教職員を対象として二〇〇九年に行った調査では、ＰＴＡ活動に参加しなかった理由として圧倒的多数を占めたのが「仕事や家事などで忙しく時間がない」であり、つぎに多かったのは「時間帯や曜日が合わない」である。この傾向はＰＴＡに肯定的な人か否定的な人か、役員経験があるかないかを問わない。

いっぽう町内会については、別の構造的な変化を指摘する論者もいる。都市社会学・地域社会学を専門とする玉野和志は、町内会を中心的に支えてきた都市自営業者の衰退に注目する。玉野によると、戦時体制の下で社会的地位上昇の機会を得る一つの形態が自営業者として町内会を担うことだった。しかしその世代はすでに消滅し、町内会が存続する基盤は失われた（玉野和志『町内会――コミュニティからみる日本近代』ちくま新書、二〇二四年）。

そこで消極的な形であれ、町内会運営の実質的な役割を担うことになったのがやはり女性であったが、ＰＴＡと同様にここも女性の社会進出の影響を受けるのである。ちなみに全国の自治会・町内会を対象として二〇〇七年に行われたある調査によると、「役員のなり手は不足している」という回答が七八・三％に達しており、なり手不足の理由としては「役員になると時間的負担が大きいから」が八〇・六％（複数回答）と突出して多い（石栗伸郎『自治会・町内会の経営学――21世紀の住民自治発展のために』文眞堂、二〇一六年、第四章）。

農村では過疎化に拍車をかける悪循環が

ところで時間的負担という面において、見落とせない現象がもう一つあることを指摘しておきたい。近年、地方移住がある種のブームとなって農村地域へ「Ｕターン」や「Ｉターン」する人が増えている。国などの後押しも追い風になっているのは間違いない。しかし各地の自治体で聞くと地元へ定着する人は意外に少なく、いったん住んでみたものの早々に地域を離れていく人が跡を絶たないそうだ。地域活動の負担が予想していた以上に重いことが大きな理由だという。

地方、とりわけ農村地域では過疎化が進み、若年層、壮年層が少なくなっている。そのため地方へ移住すると各種の委員を務め、諸々の行事にも参加せざるを得ない。せっかく地方で趣味を楽しみマイペースで暮らそうと移住したのに、休日までつぶれる現実に音をあげる人が多いのだ。

人々の流出が残った住民の負担を増やし、それが流出を加速させるという悪循環が生じているのである。都会の町内会と違って注目されることは少ないが、生産活動や地域の保全という課題とも絡んでいるだけに、ある意味で問題はいっそう深刻だ。

要するにＰＴＡにしても町内会にしても、さらには地方の自治会にしても参加を妨げたり、離反を招いたりしている最大の原因は時間的な負担だといえよう。それが結果的に自治意識の欠如、すなわち共同体の「空洞化」に拍車をかけているわけである。

旧態依然として変わらない理由

組織離れをもたらしたもう一つの大きな原因は、岩盤のように「変わらない組織」である。

ＰＴＡにしても町内会にしても事実上、学校や行政などの末端にある組織として位置づけられている。ＰＴＡ（単Ｐ）は全国組織を頂点とする階層、ならびに教育委員会、学校という階層の両方に組み込まれている。いっぽう町内会も、市町村という行政の末端的な業務、たとえば広報の配布、ゴミ回収、防犯灯の維持管理などを下請的に担っているのが現状である。そのため個々のＰＴＡや町内会がいくら自治的組織、任意団体だからといっても、改革を試みると上から「待った」の圧力がかかる。

改革が困難な理由は制度面だけでなく運営面にもある。ＰＴＡや町内会のなかには地域の顔役や名望家がトップに就いていて、なかば独裁的な運営が行われているケースも少なくない。不透明な組織運営と有力者の利権が結びついている事例もある。それらは第1章の分類だと〈絶対君主型〉にあたるといえよう。

ただ、数のうえで圧倒的に多いのは〈伝統墨守型〉で、役員の選出方法から年間の行事、上部団体との関係まで前例踏襲が何十年も続いているのはザラだ。いずれにしても現状維持が前提になっているわけである。

自治的組織なのに上意下達の矛盾

ここで強調しておきたいのは、そもそもPTAにしても町内会にしても任意団体であり、自治的組織であるということ。主役は会員なのである。したがって本来は会員が自発的に活動し、必要に応じて連合組織を設けたり、外部組織に協力を求めたりするボトムアップで運営されなければならない。かりにピラミッド型の組織を残すとしても、イメージとしては第一線で活動する人たちが上で、連合会などが下から支える逆ピラミッド型であるべきだ。ちなみにボランティアの組織も考え方は同じである。

ところが現実は違う。周知のようにPTAは戦後、GHQの主導で教育の民主化という旗印のもとに設置された。いっぽう町内会は、戦時期に軍国主義体制の末端機能を担うために設置されたものが、戦後占領下のGHQによる解体をかいくぐって行政主導により再結成された歴史を持つ（岩崎信彦・上田惟一・広原盛明・鯵坂学・高木正朗・吉原直樹編『町内会の研究』御茶の水書房、一九八九年）。それゆえに制度は存在してももともと真の自治意識は薄く、「空洞化」しやすい体質だといえよう。このような成り立ちの経緯もあり、企業や役所と同じように連合会のほうが上位の存在として扱われ、〈官僚制型〉のトップダウン、上意下達により運営されているのが実態だ。そこに根本的な問題があるといわなければならない。

もちろんすべての会員がこうした現状を肯定しているわけではない。会員のなかには負担の重さや非民主的で非効率な組織の仕組み、旧態依然とした運営方法などに異を唱える人も少なくない。にもかかわらず、それが抜本的な改革につながるほどの動きにはなりにくい。

大きな理由は、第一に会社や学校などと違い、個人にとってサブ的な組織であり、しかも役員の任期がかぎられているため、不満や理不尽さを感じてもがまんしてしまうところにある。あえて波風を立てず、やり過ごそうとするのだ。

もう一つの理由は、周囲の同調圧力である。戦時体制下の隣組が相互監視の役割を担っていたように、ＰＴＡにしても町内会にしても地域の生活に密着した組織であるため、公然と異論を唱えたり、改革に取りかかったりすることが難しい。

ＰＴＡについては子どもが「人質」に取られていると表現する人もいる。実際に親が周りから浮くような言動をしたら、学校から「お子さんのことが心配で……」などとやんわりいさめられたという声も聞かれる。いっぽう町内会はＰＴＡほど問題が表面化することは少ないが、地域は家族全員にとっての生活の場であることを考えれば、ＰＴＡ以上に影響力が大きいともいえるのではなかろうか。

またＰＴＡにしても町内会にしても、会長などの幹部は比較的年齢の高い男性が占めていて、しかも学校や上部団体とつながっているケースが多い。そのため主に活動の中心的役割を担う女性は、改革の声をあげにくいという実情もある。

このような理由から、非合理なルールや慣行があっても大きな見直しが行われず継続されていく。自発的な変革メカニズムを欠いた組織だといえよう。

さらに外部組織との関係でも、学校や役所から活動・行事への協力などを一方的に押しつけられても引き受けざるを得ず、多少無理をしてもこなしてしまう。不祥事を起こした企業で上からの無理な要求を断れなかったのと同じ構図がそこにある。

しかも問題はそれだけにとどまらない。自治意識の希薄化が組織に対するチェック機能を弱め、不正の温床になるケースもある。

二〇二四年にさいたま市ＰＴＡ協議会（市Ｐ協）を舞台にした横領事件が公になり、それが全国組織である日本ＰＴＡ全国協議会（日Ｐ）での背任事件に発展した。市Ｐ協の元会長で業務上横領罪により起訴されたＡ被告が、会長退任後も市Ｐ協に顧問などの肩書きで残り、日Ｐへ出向して常務理事などの役員や無報酬の事務局参与を務めた。その間に日Ｐの事務所修繕が行われ、工事を請け負った工務店から工事代金の水増し分がＡ被告の関連会社に振り込まれた（二〇二四年七月一九日、二〇日付「読売新聞」埼玉版）。

日Ｐの運営には全国の保護者の会費が使われている。したがって本来なら全国の単ＰやＰＴＡ会員から監視の目が向けられ、厳しくチェックされる体制になっていてもおかしくないはずだ。それが行われずＡ被告の組織私物化に近い行為を見逃してしまったのは、会員全体の無関心によるところが大きく、自治の喪失、共同体の空洞化を象徴する事件だといわざるを得ない。

公益社団法人である日Ｐに対しては、二〇二四年一〇月に監督する内閣府が不適切な運営を指摘し、改善策を盛り込んだ報告書を提出するよう行政指導をしていた。日Ｐは一一月に報告書を提出したが、内閣府は一二月、速やかな改善は難しいと判断し、是正勧告を出すに至った。改善が認められない場合、公益法人の認定が取り消される可能性もある。

前述したようにPTAや町内会を取り巻く環境は大きく変化している。それだけに人々の意識と、旧態依然とした制度・運営とのギャップは、会社などの職場以上に大きくなっている。その隙間に不祥事の芽も生えてくるのである。そして「組織離れ」というつぎのステージへとつながる。

止まらない脱退者の増加

岡山県内のPTAが加盟する県PTA連合会は、二〇二四年度末で解散すると発表した。加盟団体の退会が相次ぎ、活動を続けられなくなったためだという。また二〇二三年には東京都PTA協議会が日Pを退会し、千葉県PTA連絡協議会も二〇二四年度末に退会する方針を決めている（二〇二四年九月四日付「日本経済新聞」）。

PTA離れ、町内会離れの意識はもはや「危険水域」に達しているといっても過言ではない。

先に紹介したウェブ調査や、マスコミなどが行ったPTAに対する意識調査の結果を見ると、そこには組織に対する強い拒否感が働いていることがうかがえる。相手が会社などの場合と違って、組織に「ぶら下がろう」という意識も感じられない。したがって、その先にあるのは組織からの「離脱」である。とくに近年はＰＴＡや町内会が基本的に加入自由な任意団体であることを認識する人が増えたので、非加入や脱退の動きが加速したかっこうだ。

ＰＴＡ加入率の推移については残念ながら信頼できるデータが乏しいが、ここ数年、ＰＴＡ（単Ｐ）が解散する例や、上部団体にあたる協議会から退会する例が増えていることからも、加入率は低下していると推測される。

いっぽう町内会については、全国の六〇〇市区町村における自治会などの加入率の平均を見ると、二〇一〇年の七八・〇％から二〇二〇年には七一・七％と、一〇年間で六ポイント以上低下している（総務省「自治会等に関する市区町村の取組についてのアンケート調査」）。ただし加入率そのものは調査対象や調査方法によって大きく異なる。右の調査は市町村に対して世帯単位の加入率を聞いたものだが、財団法人明るい選挙推進協会が住民に対して行った「選挙の意識調査」によると、二〇〇三年あたりから町内会の加入率が急落し、二〇一二年時点では二四・七％に過ぎない（紙屋高雪『〝町内会〟は義務ですか？──コミュニティ

ーと自由の実践』小学館新書、二〇一四年、八六〜八七頁)。

もちろんＰＴＡにしても町内会にしても、このような現状にただ手をこまぬいているわけではない。近年は加入率の低下に危機感を抱いた協議会や行政が啓発活動に力を入れるケースも目立つようになった。にもかかわらず非加入や脱退に歯止めがかからないところを見ると、抜本的な組織改革に取りかからないかぎり、組織の存続や健全な運営は危うくなっているといえよう。

4 学校や家庭は大丈夫か?

生徒の「無反応」が常態に

文部科学省の調査によると、小・中学校における不登校者(病気や経済的理由を除き年間三〇日以上欠席した者)は、二〇二三年度に三四万六四八二人と過去最高を記録した。前年度より一五・九%増加し、児童・生徒全体の三・七%にあたる。そこからうかがえるのは、子どもたちと学校との社会的な距離が広がっていることだ。

それはつぎの調査結果にも透けて見える。前述の二〇二二年のウェブ調査では高校生への「授業中にわかっていても手を挙げなかったり、自分の意見を言わなかったりすることがありますか？」という質問に対し、「よくある」または「ときどきある」と答えた者は計八九・七％とほぼ九割に達した（n＝五一三）。実際に高等学校では教師が当てないかぎり自分から答える者はいないのが普通になっている。帰国子女や海外からの転入生に聞くと、日本の学校のこのような光景は異様に感じられるというし、実際にアメリカやヨーロッパの学校で教室を覗くと、生徒たちが競うように手をあげる様子を目にする。

では、積極性に欠ける生徒に対して教師は強い不満を抱いているかというと、必ずしもそうではない。多くの教師は生徒が反応しないのを当然であるかのように受け止め、淡々と授業を進める。大学生に高校時代を振り返ってもらうと、むしろ積極的に意見を述べたり主張したりする生徒を快く思わない教師がいることが伝わってくる。

たとえば帰国子女の生徒が、海外にいたときと同じ調子で意見を述べるとクラスで浮くばかりか、教師からも不快な顔をされたり、無視されたりすることがあるというのだ。またベテラン教師たちからは、授業でサボっていても注意しない教師が増えたという声も聞かれる。

ついでにいえば社会問題化している過剰な校則も、規律やルールを教えるという建前の背後に「厳しく管理しておいたほうが楽だから」という教師側の本音が見え隠れする。受け身で自ら発言も行動もしない生徒と「事なかれ主義」の教師。そこにもまたゆがんだ均衡、「空洞化」した共同体の姿がある。

ところで、中学校の校長や教頭が参加する管理職研修でつぎのような報告があった。いまから四〇年くらい前、全国的に「荒れる学校」が問題になった。公立中学では校内暴力や器物破壊が頻発し、卒業式にはパトカーが校門についている姿が珍しくなかった。そこで学校側は必死になって暴力の撲滅に取り組んだ。その甲斐(かい)あってだんだんと生徒の暴力は影をひそめていった。ところが、その反動か、生徒たちはおとなしくなりすぎ、すっかり自発性が失われたという。

「暴れる生徒たち」と「もの言わぬ生徒たち」。不登校の増加も後者に含まれるだろう。一見すると両者は正反対のようだ。しかし表面的には対照的に見えるものの、学校やクラスといった共同体に対し積極的に関与しない点において、両者は類似していることを見逃してはいけない。単にその表現形態が違うだけだともいえる。それは、いわゆる「ひきこもり」と「家庭内暴力」がしばしば同時に出現するところを見ても納得できるだろう。

このように、とりわけ日本で学校での問題がエスカレートしやすいのには理由がある。日本では転校が比較的少なく、公立小中学校では原則としてその地域に生まれ育った子が同じ学校に通う。またよほどの事情がないかぎり全員が一緒に進級し、卒業していく。そのため、きわめて閉鎖的かつ同質的な集団になり、同調圧力が強く働きやすい。「もの言わぬ」空気に支配されやすいのだ。

そしてもう一つの理由は、学校→クラス→仲間と同心円状に共同体が入れ子状態になっているところにある。前述したジンメルの命題がいうように、共同体は小さくなるほど個性的、言い替えれば極端な性格を持つようになる。そのため内側にいくほど一般社会から隔絶され、独特の規範や慣行を押しつけられたり、密室でいじめられたりするリスクが高くなる。しかも同心円状の共同体のなかにいるので、いじめられたり人間関係が悪くなったりしたとき、その集団から逃げ出して別の集団に軸足を移すことができない。

そもそもこのような病的現象が起きる問題の根底には、前述したように共同体のメンバーが組織運営や活動に対して積極的に関わろうという意識を欠いた、「空洞化」がある。

では、空洞化をもたらしているものの正体はいったい何だろうか？

その答えは児童や生徒、そして教師までもが捨て去ろうとしているもののなかに隠されている。授業中の挙手や発言にしても、それを促す教師の姿勢にしても、さらにはまじめに登校することさえ、受験には直接関係がない行為である。要するに受験に直接関係がない行為ほど軽視されていることがわかる。彼らにとって将来の豊かで安定した生活や世間の評判、ならびにそれらの獲得につながる目先の受験こそが最大でしかも唯一ともいってよいくらいの関心事なのである。多くの生徒が受験に役立たないものには熱意を示さなくなっているといっても過言ではない。

それを裏づけているのが二〇二二年に行ったウェブ調査（前述）の結果だ。全国の高校生に対して「『高校時代は何かに挑戦したり、新しいことを始めたりするより学校の勉強や受験勉強に専念していたほうが得』という考え方についてどう思いますか？」と尋ねたところ、「そう思う」「どちらかといえば、そう思う」という回答が計四九・四％（n＝五一三）とほぼ半数を占めた。いわゆる進学校以外の生徒も多数回答していることを考えたら、この数字はかなり高いといえよう。

学校で進行する「空洞化」をもたらしている原因を突き詰めると、受験第一主義、さらにいうなら学歴至上主義に行き着くとしたら、見逃せないのが学習塾や予備校による役割の代替である。生徒が高い学歴の獲得につながる進学、受験という目的を強く意識するほど、その目的達成に特化した塾や予備校に重きを置くようになるのは当然かもしれない。実際に私立の中学・高校受験者が多い公立の小中学校では、休息のために学校に来ているような児童・生徒が少なくないし、それに理解を示す教師も多いといわれる。

進む空洞化の実態

ところで「共同体は規模が小さくなるほど極端化しやすく、個人の自由や権利が脅かされやすくなる」という命題に当てはめるなら、いちばんリスクが大きい共同体は家庭だということになる。いっぽうには仲むつまじく笑顔の絶えない家庭があるかと思えば、他方には殺伐とした家庭や、虐待、DVなどで修羅場と化した家庭もある。しかも家庭は好むと好まざるとにかかわらず生活の拠点だ。そのことを考え合わせるなら、家庭こそ個人が最も傷つきやすい場だといえるかもしれない。

なお「家庭」と「家族」は同義ではなく、伝統的な家族観にもとづく「家」と対照的に、「家庭」は進歩的、革新的な論者が用いた言葉だったといわれる（前掲、本多『「家庭」の誕生』一三頁）。ただ本書では両者を厳密に区別せず、文脈に応じて互換的に用いることにしたい。

「自治」が欠落し「受容」のみに偏った状態を「空洞化」と呼ぶ本書の定義に照らせば、いわゆる「ひきこもり」、それにかつて社会学者の山田昌弘が命名した「パラサイト・シングル」（山田昌弘『パラサイト・シングルの時代』ちくま新書、一九九九年）は空洞化の象徴的な存在だといえる。さまざまな事情はあるにせよ、家庭にいながら正常な社会活動が営めない、あるいは家族の一員として相応の貢献が行われない（行えない）状態だからである。

内閣府が二〇二二年一一月に行った調査によると、長期間にわたってほとんど外出しない状態が続く「ひきこもり」の人数が、一五〜六四歳のおよそ五〇人に一人にあたる約一四六万人（推計）にのぼることが明らかになった。正確に比較できるデータがなく、またコロナ禍の影響もあると考えられるものの、急速な増加傾向にあると指摘されている。

いっぽう総務省統計研修所の西文彦は、「労働力調査」の結果をもとに親と同居する壮年未婚者（三五〜四四歳）のうち、基礎的生活条件を親に依存している可能性のある者の数を算出している。一九八〇〜二〇一〇年まで一〇年ごとの推移を見ると、五万人、一九万人、二八万人、七五万人と急速に増加した（なお二〇一六年時点では五二万人と減少している。西文彦「親と同居の未婚者の最近の状況」二〇一七年二月）。完全失業率や公的な支援制度などが影響している可能性はあるが、長期的なトレンドとしては増加傾向がうかがえる。

つぎに積極的な家族関係の破壊行為である虐待やＤＶを見ると、二〇二二年度の児童相談所による児童虐待相談対応件数は二一万四八四三件、二〇二三年に警察が受理したＤＶの相談や通報の件数は約八万九〇〇〇件で、いずれも過去最高を記録した。虐待やＤＶに対する問題意識の高まりといった理由もあるだろうが、増加傾向に歯止めがかからない実態がうかがえる。

弱まる家族の絆

これらは性質が異なるものの、共同体としての正常な自治機能が低下している状態という意味では「空洞化」の進行としてとらえられよう。

そして空洞化の背景には、やはり家庭という共同体を取り巻く環境の変化がある。

一つは、共働き世帯の増加である。総務省統計局の調査によると、男性雇用者と無業の妻からなる世帯（片働き世帯）と雇用者の共働き世帯の比率は、一九八〇年には六四・五％対三五・五％と、片働き世帯がほぼ三分の二を占めていたがその後逆転し、二〇二三年には共働き世帯が七一・二％にまで増加している（一九八〇〜二〇〇一年は「労働力調査特別調査」、二〇〇二年以降は「労働力調査」による。なお途中で調査内容などが変わったため比較には注意を要する)。

共働きが増えれば、経済的にも社会的にも夫婦の独立性が強まり、主に妻の夫に対する依存からくる結びつきは弱くなる。未婚率の高まりや離婚件数の増加はその表れだといえよう。結婚にともなうさまざまな不自由を受け入れてまで結婚したり、結婚生活を続けたりする必要がなくなるわけである。

「空洞化」をもたらした、もう一つの要因(共働き世帯の増加と無関係ではないが)として家庭機能の外部化があげられる。戦後の高度成長期以降、電気洗濯機や電気掃除機をはじめとする電化製品の普及が、主婦を肉体労働からだんだんと解放してきた。さらに近年は食材の宅配サービスの普及や外食産業の発達などによって家事の負担が減り、保育施設など子育て環境の整備により育児の負担も減少した。

高度成長期くらいまでは、学校を卒業した女性が就職せず、「家事手伝い」として家庭で家事を分担するケースが多かった。それだけ家事がたいへんだったわけである。やがて「家事手伝い」が死語になったように、いずれ「専業主婦」も消えゆく運命にあるのかもしれない。

家族の一員としての役割が減ったのは夫婦だけではない。かつては子どもが幼いきょうだいの子育てや仕事を手伝うのは普通だったし、子が老親の世話をするのも当たり前だった。しかし自営業の減少とともに子どもが家で仕事を手伝う機会は少なくなり、介護保険制度の導入により、子は老親の介護から幾分解放された。

ここで見てきたように家庭の「自治」的機能を支えていたものは、共助すなわち家族が経済的・社会的に助け合う必要性だった。それが家族観の情緒的な連帯感や一体感をもたらしていたともいえる。ところが公助すなわち家族一人ひとり、あるいは家族全体を支援する社会のインフラや支援体制が整備されることによって家族どうしが助け合う必要性が薄れ、結果的に自治的機能が弱まって「空洞化」したのである。その点は会社や労働組合、そしてＰＴＡや町内会もたどったプロセスとよく似ている。

親戚づきあいの希薄化にコロナ禍が拍車

共同体の「空洞化」に関わる変化として、もう一つつけ加えておく点がある。それは広い範囲でとらえた家族の変化である。

家族は同居する夫婦や親子だけで完結するわけではなく、親戚など広がりを持つ。家族のメンバーは、そこでも役割を果たすことが期待されている。いわゆる「親戚づきあい」だ。長い歴史のなかで、冠婚葬祭をはじめ家族や親類が参加する儀式やさまざまな行事が受け継がれ、それが家庭を外側から支えてきたという面もある。

ところが近年、結婚式は本人と家族だけで執り行い、親族や職場関係者などを招く披露宴は開かない例が増えてきた。なかには結婚式そのものをあげないカップルもある。葬式も家族葬が中心になり、近隣の人たちや職場関係はもちろん、親類からも香典などを受け取らない例が多くなっている。

じわじわと広がってきた式の簡素化、虚礼廃止の傾向に追い打ちをかけたのがコロナ禍であり、「感染防止」を大義名分に「不要不急」の儀礼的な催しは、たとえ長い伝統があろうと中止を余儀なくされた。そしてコロナ禍が去った後も復活の兆しがないところを見ると、そもそも人々の間に継続意思が乏しかったのではないかと受け取らざるを得ない。

第2章の図2－3で示した外郭共同体の崩壊は、親族の人間関係の希薄化という形でここにも見ることができる。

しかし留意しておくべき点として、「自治」が弱まるいっぽう、家族を「受容」する力は弱まっていないことがある。その一つは、「受容」に対する外部からの支援である。山田（前掲、山田『パラサイト・シングルの時代』）が指摘するように、国民の生活水準の向上、とりわけ親世代の所得や資産が増加し、親は子が成長し働ける年齢になっても養えるようになった。各種奨学金も質的な問題は残るにせよ、少なくとも制度面では以前より充実している。そのほか一人親に対する支援、企業における短時間勤務や育児休業制度など、親や配偶者に頼らなくても生活できる環境は以前に比べ整ってきている。いっぽうで家族すなわち典型的な基礎集団＝ゲマインシャフトなので扶養するのが当然だという社会的な規範意識も依然として残っている。

したがって「自治」、すなわち家族という共同体の一員として積極的に貢献しなくても、「受容」される環境は残っているのである。この点も会社をはじめとする他の組織と同様だ。

第４章　組織の「再生」より「新生」を

1　デジタル化が変える組織のカタチ

共同体の復活論

さて、ここからは組織をどう変えるかを論じよう。

日本の共同体型組織が「空洞化」し、崩壊もしくは機能不全に陥りかねない危機を迎えている。そう述べてきた。無事平穏な日常を送っている人たちからは、大げさに危機をあおっているように感じられたかもしれない。しかし、多くの事例が物語るように「空洞化」した組織の危機は突然やってくる。

私たちはこれから、組織をどう変えればよいか。

本書では現状の共同体型組織を真っ向から批判してきた。そこでまず、コミュニタリアン（共同体主義者）や保守的な人たちならどのような改革論を唱えるか、想像してみよう。

「共同体型組織は日本の歴史や文化から生まれたものであり、その真髄は捨てがたい。それが現実につぎつぎと崩壊し、あるいは大きな壁にぶつかっているのは、共同体が自治の機能を失い、空洞化したからである。したがってメンバーの意識と組織の仕組みを見直し、自治機能を復活させればよい。あるいは時代に合った共同体のあり方を追求すべきだ。そうすれば日本のよき伝統が取り戻せるに違いない」

おおよそ、こんなところだろう。たしかに、それは共同体の原点に立ち返る穏当な解決策のように思える。労働組合が経営側に対峙（たいじ）できる力を持ち、「告発」の機能を発揮していたら、あるいは個々の社員が「自分たちの会社を健全に保とう」という強い意思を持っていたら、企業の不正行為やジャニーズの性加害のような問題はここまで拡大せずにすんだかもしれない。身近な組織も同じだ。実際、児童・生徒が巻き込まれる事件が起こるたびにＰＴＡが表舞台に立たされ、災害時や地域の重大問題が発生すれば町内会の必要性がクローズアップされる。あらゆる組織にとって自治の復活こそが進むべき王道だ。

そこで経営者やリーダーの側からも、自治機能を取り戻すための施策が取り入れられるようになった。企業についていえば、法にもとづく内部通報制度の設置はもちろん、上下の風通しをよくし、現場の声を吸いあげるために階層縦断的な意見交換の場や、労使協議の機会を設けたり、若手社員に経営への参加意識を持たせるため、いわゆる「ジュニアボード」や提案制度を取り入れたりするところが増えている。部下と本音で語り合う「１on

1」ミーティングが流行し、若手社員が経営幹部のメンター役を務める「リバースメンタリング」を導入する企業も登場した。

また労働組合、それにPTAや町内会では加入促進の運動や、さまざまな啓発活動も続けられてきた。学校でも文部科学省の指導のもと、児童・生徒が自ら学ぶ力を養う取り組みが重ねられてきた。

オーソドックスな改革論

もう一つは共同体型組織の枠組みそのものは残しながら、その構造にメスを入れようとする、オーソドックスな改革論である。第1章で述べたように、日本の組織が共同体の性質を帯びやすいのは、「閉鎖性」「同質性」「個人の未分化」という構造的な要因による。したがって改革のためにはそこに手を加えればよい。

まず閉鎖的な組織に風穴を開けるには、恒常的なメンバーの入れ替えが必要だ。企業なら通年採用や中途採用の比率を高めるとか、副業を原則解禁すること、PTAや町内会は入退会のハードルを下げ、幹部の任期に制限を設けることなどがあげられる。

メンバーの出入りが盛んになれば、おのずとメンバーの同質性も下がる。さらに積極的に異質性を高めるには、性別や年齢、場合によっては国籍などが多様になるよう、少数派の人たちがそれぞれ一定割合を占めることをルール化するアファーマティブアクション（ポジティブアクション）などの制度づくりが必要かもしれない。アファーマティブアクションについては、分野によっては平等性や公平性の点から批判的な見解もあるが、少なくとも極端に偏った現状を変えるための手段としては前向きに評価すべきではなかろうか。

ところで共同体といえば、いまから一世紀前に作家の武者小路実篤（むしゃのこうじさねあつ）が創設した「新しき村」が想起される。理想郷づくりを目指す若者たちが集まって宮崎県につくったこの村は、細々とではありながらも今日まで存続している。民俗研究者の前田速夫は、この村の危機をたびたび救い、今日まで存続できた理由は第一種会員（村内会員）と第二種会員（村外会員）の存在にあると述べている（前田速夫『「新しき村」の百年──〈愚者の園〉の真実』新潮新書、二〇一七年、八六頁）。村外の会員は村を訪問して村民を励まし、よい刺激を与えた。「村内生活者だけで維持する村だったら、他の多くの共同体がそうであったように、とうの昔に煮詰まってしまっていただろう」（同前、八七頁）と著者の前田はいう。

たとえ共同体のメンバーを入れ替えることが難しいとしても、このように「外の目」を取り入れることによって、ある程度同質性の弊害を克服することができるのだ。

産業界に目を移すと、東芝と日立製作所はどちらも大きな経営危機を経験した日本を代表する重電メーカーだが、現在の立場は対照的である。東芝が依然として苦境にあえいでいるのに対し、日立はＡＩなどデジタル化の推進、カンパニー制の採用などの改革をトップダウンでつぎつぎに行い、Ｖ字回復を成し遂げた。

それができた理由として、かつて産業再生機構の代表を務めた経営コンサルタントの冨山和彦氏は、当時社長を務めた川村隆氏がいったん子会社に出て日立を外から見る経験をしたところに注目している（冨山和彦「東芝と日立、なぜ両巨艦の明暗は分かれたか」東洋経済オンライン、二〇一六年一一月七日）。共同体の外から見ることで、中にいては目につかない強みや弱みを客観的にとらえることができるし、内にいてはできない発言もしやすい。ちなみに革新的経営で知られるソニーの再生を手掛けた平井、吉田、十時の「サラリーマン社長」も、全員が〝傍流〟を経験している（片山修『ソニー 最高の働き方』朝日新聞出版、二〇二四年、三二一頁）。

そもそも多くの企業が取り入れている社外取締役の制度は、そのような効果を狙ったものだが、共同体のなかではやはりトップを中心にした有形無形の序列があるうえ、社内の知識や情報、人脈などの面ではトップと社外取締役との間には格段の差がある。そのため、社外取締役を増やすだけでは限界があるといえよう。むしろ多様な「外の目」を取り入れる仕組みをつくるか、トップ自身が外側から見る経験をするほうが効果的かもしれない。

いずれにしても、これらの例は、共同体の閉鎖性を打破するのに外の目、外の感覚がどれだけ大切かを物語っている。

いっぽう組織内で受ける同調圧力を小さくし、個人の仕事や活動、発言の自由を拡大するためには、一人ひとりの分担を明確にすることが有効だ。分担を明確にすることが困難な場合には、一人ひとりの仕事・活動内容を「見える化」するだけでも一定の効果がある。かりに個人が理不尽な扱いを受けていたら、周囲もしくは共同体の外からの目にとまるからである。ここでも「外の目」が救いになるのだ（拙著『「超」働き方改革―四次元の「分ける」戦略』ちくま新書、二〇二〇年）。

閉鎖性や同質性を低下させるためのアプローチは、すでに多くの組織で実践されており、それなりに効果があがっている。たとえば企業では中途採用の拡大によって社内に活力が生まれたという例や、女性管理職比率が高い企業の生産性が高いという調査結果もある。PTAなどの組織では、逆に男性の参加を促進する動きもある。また後述するジョブ型雇用は、一人ひとりの仕事の分担を明確に定める制度であり、多くの日本企業がその導入を模索している。

とりあえずの改革によって組織の延命を図るなら、それで満足してよいかもしれない。

もはやマイナーチェンジでは通用しない

しかし時間軸を伸ばし、視野を広げると、そこには大きな問題が浮かびあがる。

グローバルな視点から見ると日本の組織がきわめて特異であること、これまでの取り組みにもかかわらず国際競争力や生産性、存在感の長期的な低下傾向に歯止めがかからないこと、いっぽうでデジタル化が無限の可能性を秘めていることなどを考えたら、現存する組織の基本的な骨格、枠組みを前提にしたマイナーチェンジでは不十分だといわざるを得ない。

そこで、これまでの組織像を根本から考え直してみよう。

まず「自治」の復活については、共同体の空洞化、すなわち自治機能が衰退した原因が、主として外部環境の変化によるものだということを忘れてはいけない。経済成長や社会の成熟化により、組織のメンバーは共同体的機能に頼らなくてもすむようになったのだ。

当然ながら、それは組織と個人の選好に影響を与える。結果として組織、個人、社会のいずれにとっても、従来のような共同体型組織を復活させることのメリットより、デメリットのほうが上回るようになったのである。しかも自治機能の衰退をもたらした外部環境の変化は、その多くが不可逆的だ。

かりに一時的に自治の機能を復活させることに成功したとしても、そこには大きな障害が立ちはだかっている。

一つは社会的視点を欠いた「自治」の暴走に陥るリスクである。外部に閉ざされた共同体は、メンバーの特殊利益追求を目的とする「利益共同体」になりやすい。自社の利益拡大だけを考えた組織不正や下請いじめ、廃棄物処理場の建設場所探しなどの際に表面化する地域エゴなどは象徴的な例である。

それは、もう一つの障害につながる。前述した「内外格差」の問題である。

代表的なものが地域間格差の問題だ。財政力の豊かな東京など大都市では、そこに住んでいるというだけで恵まれた行政サービスを安価で受けられる一方、財政が厳しい地域や過疎地域などでは住民サービスが削られ、公共料金などの自己負担も大きい。個人の責任によらない理不尽な格差だといえよう。

また企業社会に目を移せば、共同体型組織による人材の囲い込みが人的資源の適正配分を妨げていることも無視できない。中小企業では人手不足が深刻化し、経営が成り立たなくなったところが増えている一方で、大企業のなかには隠れた「人余り」現象も起きているのが現実だ。

インターネットの普及などで組織の内側に社会の目が届くようになり、社会的な公平・平等が強く意識されるようになった今日、共同体のなかだけの正義や、共同体のメンバーだけが恩恵を受ける特殊利益の追求はもはや通用しなくなっているのだ。

ただ改革に手を付けようとすると、そこにはリアルな問題が横たわっている。そもそも共同体はその性格上、特殊利益を追求する集団としての側面を持つ。したがって特殊利益を排除し、内外格差を完全になくそうとすれば、メンバーにとって共同体に帰属する意味はなくなる。

さらにいえば企業にしても、学校や地域の組織にしても、日本における「自治」は、かつての成功例においてさえ、個人の自由や権利より組織や集団単位でのそれを優先する傾向があったことは否定できない。単純化していえば、自由主義的価値や個人主義的価値より全体主義的価値が重視されてきたのである。しかもそれが特定のイデオロギーや政治勢力と結びつくケースもあった。いまだにその「臭い」が漂うゆえに、共同体そのものに対して冷めた目を向ける人は少なくないし、民主主義の名の下に全体主義的な運営が行われたり、独裁的なリーダーが君臨したりするケースも絶えないのである。

したがって共同体の構造そのものにメスを入れる改革も、多少の効果は期待できるにせよ、根本的な解決策にはなりそうにない。いま必要なのは、時代の要請に添った組織を一から設計することなのだ。

不合理なしがらみの元は共同体的要素の混入

そこで現在の組織を原理的なところから見つめ直してみよう。

突き詰めて考えれば、問題の核心は、目的集団と基礎集団が混在した共同体型組織にあることがわかる。本来、二つの集団は対照的な性質を持っている。目的集団は目的を達成するためにつくられた集団であり、効率性が追求される。いっぽう基礎集団は自然発生的な集団であり、メンバーの福祉と集団の存続が重視される。両者をインクにたとえるなら青色と赤色、調味料にたとえるなら砂糖と塩のようなものなのだ。そのため一緒にすると互いに干渉し合って双方の長所を打ち消し、改革の足を引っぱる。

にもかかわらず共同体型組織が日本でそれなりに成功を収めたのは、経済的・社会的なインフラが十分に整備されていないなかで、閉鎖的な環境のもと、均質なメンバーが団結できたからである。長い歴史のスパンでとらえると、それは特殊な時代だったといっても過言ではない。その特殊な時代を支えた条件が消えようとしているいま、不都合が噴出してきたのである。

まず個人の側から卑近な例をあげよう。企業ではZ世代など若手を中心に「働かないオジサン」が揶揄されるなど、年功主義への批判がひときわ厳しくなっており、「飲みニケーション」をはじめ昭和型の人間関係づくりにも抵抗感を示す人が増えている。さらに女性の職場進出が進むにつれ、周りが残っていると帰りにくい職場風土や、根回し、忖度で重要な意思決定が行われる企業文化が女性活躍の厚い壁として指摘されるようになった。さらにコロナ下においてはリモートでも仕事に支障がないにもかかわらず、出社して対面で働くことが求められるという声もあちこちから聞こえてきた。

またPTAや町内会は親睦や交流、それに会員による改善提案といった自治的活動と、学校行事の支援や行政の下請的業務とが混在しているため役員の負担がふくれあがり、役員のなり手を探すのに四苦八苦する状態が続いている。そして業務のスリム化などを進めようとすると学校や行政から横やりが入り、改善が頓挫するケースが少なくない。

いっぽう統治する側にとってもメンバーを囲い込むメリットが小さくなり、開き直って組織に「ぶら下がる」ようなメンバーが増えてくるなど、共同体的側面のデメリットが表面化してきた。

そこで、いま必要なのは中途半端な改善策ではなく、異質な要素が混在した共同体型組織を思い切って解体し、目的集団と基礎集団を分け、それぞれの存在意義を十二分に発揮させることである。その際に見逃してはならないのは、共同体型組織がメンバーのさまざまな利益とつながっていることだ。

ただ「利益」といっても、お金やモノのような目に見えるものばかりではない。なかでも想像以上に大きな力を持っているのは、人々の社会的欲求や承認欲求である。第1章で述べたように、日本人は共同体型組織のなかでこれらの欲求を満たそうとする傾向があり、とりわけ幹部にとって組織は、承認欲求を充足するための重要な場にもなっている。彼らにとって役職ポストそのものが「偉さ」のシンボルであり、高い地位に就けば組織内外から注目され、丁重な扱いを受ける。コロナ下のテレワークで部下が目の前にいなくなっただけで不満や不安を口にする管理職が少なくなかったのは、承認欲求を満たす場として彼らがどれだけ組織に依存しているかを物語る。信じがたいかもしれないが、ある意味でナイーブな感情が背後で組織を動かしているのである。

そのため単に共同体的な要素を削減するという中途半端な改革では、かりに行われたとしてもいずれ骨抜きにされたり、元に戻されたりする可能性が高い。このことは組織のスリム化やフラット化、能力主義への転換、裁量労働制の導入といった諸々の改革が、結局は掛け声倒れに終わったり、いったん導入してもやがて事実上撤回されたりしていることからも容易に想像がつく。

不純な要素の介入を防ぐには、やはり組織本来の役割を明確にしておかなければならないのである。

まず目的集団と基礎集団に「仕分け」する

改革の出発点として、これまで取りあげてきた組織を目的集団と基礎集団に「仕分け」しておこう。

第1章で取りあげた組織のうち、企業、芸能事務所、プロスポーツの団体、政党の派閥は、いずれも目的を達成するための目的集団だということを確認しておきたい。

ただ同じスポーツ団体でも、大学のスポーツクラブは若干性格が異なり、仲間意識やチームワークを育むといった教育的要素も加わる。また高校以下の学校、それに伝統維持という前提を捨てられない宝塚歌劇団や相撲部屋なども、目的集団、基礎集団のいずれかに割り切れないところがある。したがって、独自の改善策を探らなければならない。

いっぽうPTA、町内会、家庭は、メンバーの福祉や利益、それにメンバーどうしのつながりを第一に尊重する基礎集団であるが、特定の目的を追求する目的集団としての側面も併せ持っている。注意しておくべき点は、基礎集団の要素と目的集団の要素が混在することと、基礎集団のなかに目的集団ができるのは別だということである。

ちなみにコミュニティ（基礎集団）とアソシエーション（目的集団）の関係について、社会学者のマッキーヴァーはつぎのように述べている。

「コミュニティは、社会生活の、つまり社会的存在の共同生活の焦点であるが、アソシエーションは、ある共同の関心または諸関心の追求のために明確に設立された社会生活の組織体である。アソシエーションは部分的であり、コミュニティは統合的である。一つのアソシエーションの成員は、多くの他の違ったアソシエーションの成員になることが出来る」（R・M・マッキーヴァー『コミュニティ――社会学的研究：社会生活の性質と基本法則に関する一試論』中久郎・松本通晴監訳、ミネルヴァ書房、一九七五年、四七頁）。

このように整理するなら、ＰＴＡや町内会は類型としては基礎集団に分類されるが、そのなかに児童・生徒の安全確保について話し合う小グループや、地域の環境保全を目的とした組織をつくったとしても、ＰＴＡや町内会が基礎集団であることが否定されるわけではない。二つの役割を切り離して考えるようにすれば問題はないのである。

いっぽう家庭の場合、ＰＴＡや町内会と比べて基礎集団としての性格がいっそう強いことは明らかだ。したがってそのなかに目的集団的な役割が入り込むとしても、一定の限度を超えると、もはや家庭本来の存在意義がなくなると考えられる。

デジタル化で組織の「常識」が崩壊

では、まず目的集団としての組織を、どの方向へ改革すべきかを考えてみよう。

前章までに述べたことを振り返り、注目してもらいたいのは、共同体型組織の崩壊や衰退を直接引き起こしたものが、社会の目、社会の常識（あるいは正義）だったということである。社会の目、社会の常識が、閉ざされた共同体型組織の壁を乗り越え、不正やハラスメントを白日の下にさらしたのは情報伝達の力による。そして崩壊しかかった組織に最後の一撃を加えたのは、ＳＮＳなどデジタルの力だったといっても過言ではない。情報通信技術がそれだけ大きな影響をおよぼした理由は、そもそも組織が情報伝達と深く関わっているから。単純化すると、組織は情報処理のシステムだからである。

典型的な組織である企業。その歴史を振り返ってみると、今日の大企業組織の原型が誕生したのは、産業革命後の少品種大量生産の時代である。そこでは「フォーディズム」として知られるT型フォードの生産に象徴されるように、標準化された製品を低コストで正確かつ迅速につくることが追求された。

とくに重厚長大型の産業では個人の力でこなせる仕事はかぎられており、社員は厳しい統制のもとで歯車のように一糸乱れず力を合わせて働くことが欠かせなかった。もちろんそれは製造現場にかぎらず、標準化された仕事やサービスが求められる事務や販売などの職場も基本的には同じである。

また当時は、情報の伝達手段も口頭か文書が中心で、電話もやっと普及した程度だった。そのためマネジメントに必要な情報の量・質や、コミュニケーションの限界が組織の形を決めた。

たとえば組織論や管理論で常識とされる「統制の幅」すなわち一人の上司が管理できる部下の数に限界があるという考え方から、おのずと階層の数も決まっていった。かりに一人の上司が五人の部下しか管理できなければ、三〇〇〇人の組織なら五つの階層が必要になるわけである。命令‐服従の徹底や指揮系統の一元化などの管理原則も、主として縦方向の情報伝達によって仕事が進められる時代の産物である。

さらに情報探索力の限界も、組織の形態を決める大きな要因になっている。J・G・マーチとH・A・サイモンは、人間の認知能力の限界に注目し、そこから意思決定の仕組みについて論じた（『オーガニゼーションズ』土屋守章訳、ダイヤモンド社、一九七七年、H・A・サイモン『新版 経営行動―経営組織における意思決定プロセスの研究』松田武彦、高柳暁、二村敏子訳、ダイヤモンド社、一九八九年）。

人間はいくら合理的な意思決定をしようと思っても、認知能力に限界がある。そのためマネジャーがあらゆる選択肢のなかで最適な選択肢を選ぼうとしても不可能な場合が多いし、たとえ可能だとしても膨大な時間的・経済的なコストがかかる。しかもたいていの場合、最適な選択肢でなくても一定の基準に達していれば事足りる。したがってマネジャーの意思決定は、経済学が想定しているような「最適基準」ではなく、「満足基準」にもとづいて行われると述べた。

原材料の調達にしても、労働者に対する仕事の割り当てにしても、かりに「満足基準」

で意思決定するなら、市場で取引するより組織のなかから調達し、内部の社員に割り当てたほうが安心だし、選択のコストもかからない。

そもそも市場より組織のほうが有利なのは、情報の非対称性によるところが大きい（O・E・ウィリアムソン『市場と企業組織』浅沼萬里・岩崎晃訳、日本評論社、一九八〇年）。市場で見ず知らずの相手と取引する場合、相手が機会主義的、すなわち情報の格差を利用して、自分の利益を追求する行動を取る可能性がある。たとえば安全に関わるような作業で手抜きをするかもしれないし、手元にある製品の欠陥を隠して売りつけるかもしれない。もっと安く仕上げる方法があっても、利益の大きい方法を採ろうとするかもしれない。

取引先がそのような機会主義的行動を取るのを防ぐには、監視（モニタリング）のコストがかかる。したがって市場で見ず知らずの相手と取引するより、信頼できる内部の相手から調達したり、仲間と一緒に働いたりするほうが有利な場合があるというわけである。いずれにしても正確で上質な情報を獲得するうえでの限界が、市場より組織を選択する理由になっているのだ。

以上は欧米のピラミッド型組織（機械的組織や官僚制型組織もほぼ同義語）を念頭に置いたものだが、それに共同体の要素が加わった日本特有の共同体型組織も、公式組織としての側面はピラミッド型組織と類似している。したがって情報面での限界が組織を形づくっている点はピラミッド型組織と同じである。

組織をインフラとして活用する時代

ところが、ＩＴすなわち情報通信技術の急速な発達により、これまでの組織を形づくっていた情報探索力・伝達力の限界が大きく取り払われた。その結果、組織であることの優位性は急速に崩れつつある。

多くの業種でＩＴ化や自動化によって人間が行う定型的な業務は減少し、プロジェクトベースでの仕事が増えている。プロジェクトチームのメンバーは、ＡＩを活用すれば人間の認知能力の限界が克服され、時間やコストをかけず「最適基準」で集められる。

すでにシリコンバレーの起業家やスタートアップは、プロジェクトごとに世界中から最適な人材を募り、ネット上でコラボレーション（協働）している。LinkedIn や Indeed のようなオンラインのサイトも、最適基準による人材のマッチングを志向している。今後、求人側・求職側双方の情報が蓄積され評価力が高まれば、情報の信頼性という面でも社内での人材活用と遜色なくなるに違いない。

いうまでもなく、それは相手との取引においても同じであり、人やモノなどの資源を内部に抱えることのコストがメリットを上回るようになる。

また、これまで人間にしか務まらないと考えられてきたマネジャーの仕事を代替するAIも開発され、実用化されようとしている。マネジャーの仕事のうち、情報の収集や伝達、仕事の配分、勤怠管理、人事評価などはいうに及ばず、プロジェクトごとにベストな人材を結集したり、メンバーの能力や意思などをマッチングさせて成果につなげたりできるわけである。

もちろん人間特有の勘や想像力、感性などが果たす機能など、AIには代替できない部分も多く存在するが、それとていつまでも人間の牙城であり続けるとはかぎらないと予測する専門家もいる。実際に人間の声や表情、文章などから感情を読み取る「感情分析AI」などはすでにさまざまな分野で活用されている。

いずれにしてもIT化が進めば当然、「統制の幅」や組織の階層などは意味がなくなり、組織の壁や境界も不要になるはずだ。人事部の役割も小さくなり、やがて「人事」という言葉が死語になるかもしれない。またマネジャーの仕事のなかで最も重要とされてきた判断業務においても、圧倒的な量の情報を的確に処理するAIは強力なライバルになる可能性がある。さらに人間特有の偏見や感情のブレ、無用な忖度や疑心暗鬼といった要素を排除できることを考えたら、「ＡＩマネジャー」の登場を荒唐無稽な話と切り捨てたり、そのニーズを過小評価したりはできないだろう。

強調しておきたいのは、このような潮流のなかで組織がこれまでとはまったく異なるスタイルに変わり、果たす役割も違ってくるということだ。

これまで組織が果たしてきた取引コストの削減、「統制の幅」の克服、正確で効率的なコミュニケーション、それに管理職による部下のマネジメントといった役割の少なからぬ部分がデジタル化、すなわちＩＴやＡＩなどに代替されていくとしたら、組織の役割として残る大切なものは何か？

それは個人が働きやすく、仕事で成果をあげるために必要な「場」を提供し、支援することである。もちろん、ここでいう「場」は有形のものにかぎらない。その役割は公共交通手段や道路、電気、ガス、上下水道、医療機関など、私たちが生活するうえで必要なインフラストラクチャー（社会基盤）の役割と似ている。したがって、主にこのような役割を果たす組織を「インフラ型組織」と呼ぶことができる（拙著『仕事人と組織――インフラ型への企業革新』有斐閣、一九九九年）。

図4-1　組織のイメージ図

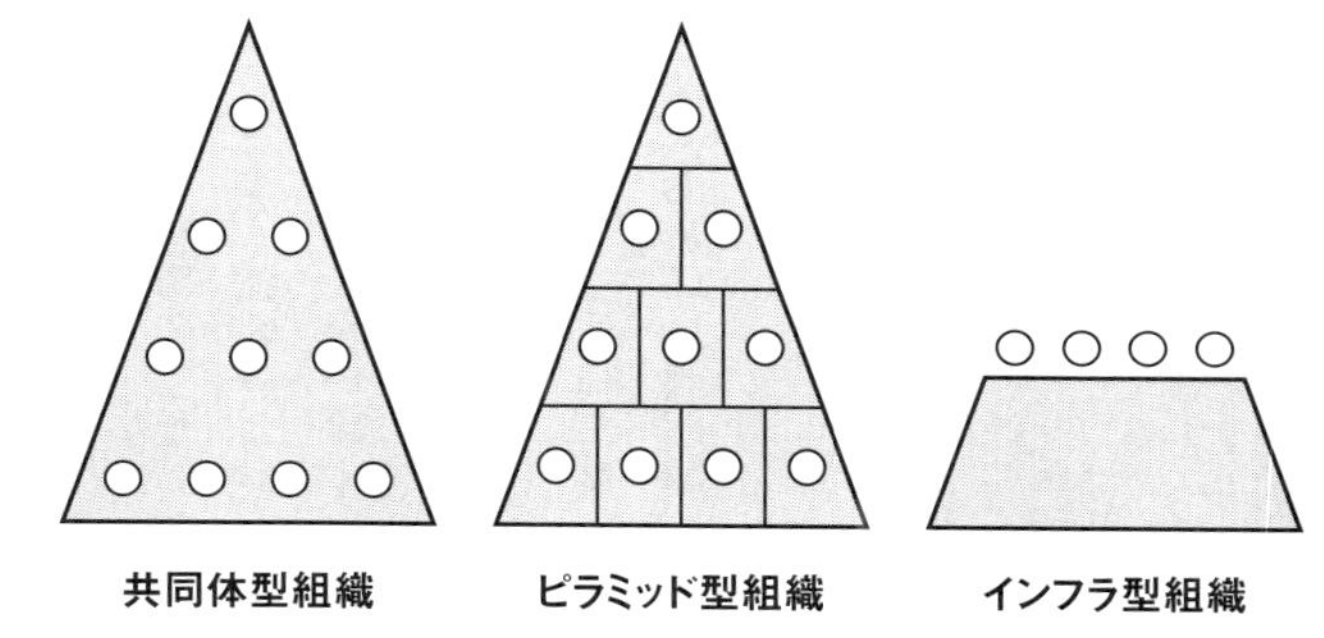

注：○は個人を表す。

図４－１は伝統的なピラミッド型組織、共同体型組織と、インフラ型組織を比較したものである。ピラミッド型組織では個人の分担が決められており、共同体型組織では分担が明確でないという違いはあるが、いずれも対外的には組織が主体となって活動し、個人はあくまでも組織の一員、いわば黒子である。そのためメンバーは組織主導で働かなければならないし、いくら能力があっても一部しか発揮されないことになる。

それに対してインフラ型組織では個人が主体となって活動するところに特徴がある。

主役が組織から個人に移ったのである。

かつて私はインフラ型組織の特徴を五つ掲げるとともに、四つのタイプに分類した（同前、第三章、第四章）。

［インフラ型組織の主な特徴］

①組織に対する強いコミットメントや一体化が要求されないこと。

②移動の障害が少ないオープンな組織であること。

③専門とする仕事の継続、ならびに仕事上必要な権限や自律性が制度として保障されていること。

④仕事を支援する体制が整っていること。

⑤個人間、あるいは部門間の調整が行われること。

［インフラ型組織の分類］

「プロフェッショナル支援組織」——企業の研究所や研究開発部門、建設会社の設計部門、それに企業以外では大学、会計事務所、法律事務所など。

「事業活動支援組織」——歩合制の外務員が働く保険会社や証券会社の営業部門、一部のコンサルタント会社やプロジェクトチームなどにみられる利益分配型のシステム、同業組合など。

「中核人材支援組織」――証券アナリストが所属するシンクタンク、多数のコピーライターやデザイナーを抱える広告会社、ゲームクリエーターが働くゲームソフト会社、進学予備校や学習塾など。

「エキスパート支援組織」――大企業の法務部・特許部、システム部門、それに教育・研修、情報処理、経理など特定の業務を集中的に処理するアウトソーシング請負会社など。

なお具体的な企業名や役割についての詳細は拙著を参照いただきたい。

当然ながら本を出した四半世紀前の当時と現在とでは、組織や働く人々を取り巻く環境は大きく変化している。

たとえば「インフラ」の中身としては一般に資金、設備、機械、情報、人的支援などがあげられるが、デジタル化が進むほど、情報のほか信用を担保する組織のブランドやリスクヘッジなど、ソフト面の支援が重要性を増している。ただ、いずれは組織が提供するインフラの幾分かはＡＩなどによって代替されていくだろう。

「インフラ型」は組織の原点回帰

近年増加しているインフラ型組織の例としては、国内外の情報・ソフト系のスタートアップやベンチャー企業、専門職や副業人材の派遣会社、各種アウトソーシングの請負会社などがあげられる。そして今後は、ブロックチェーンを活用し、ビジネスのインフラを提供するDAO（分散型自律組織）のようなタイプの組織も存在感を増すだろう。これらは一部業種の特殊な例のように思われるかもしれないが、そうではない。

「近代組織論の祖」と呼ばれるC・I・バーナードは、九〇年近くも前（一九三八年）に上梓（じょうし）された著書のなかで、組織を「二人以上の人々の意識的に調整された活動や諸力の体系」と定義し、組織の存続に必須なのは協働意欲、伝達能力、目的の存在と受容だと述べている（C・I・バーナード『新訳 経営者の役割』山本安次郎・田杉競・飯野春樹訳、ダイヤモンド社、一九六八年、七六頁）。

注目すべきなのは、そこに社屋や設備のようなモノはもちろん、人間も含まれていないことである。このような理論は、インターネットなどが登場する以前には非現実的な観念論のように思えたが、いまとなっては組織の本質を鋭くとらえた現実的な理論だったことに気づく。

バーナードの理論によれば、主役はあくまで個人であり、組織は目的達成の手段である。しかしモノづくり、とりわけ少品種大量生産の時代には分業が不可欠であり、それを組織化しないと個人単位では何もできなくなった。その結果、徐々に組織の存在感が大きくなり、いつの間にか組織が主役の座に躍り出た。

ところがデジタル化やソフト化で規模や制度の圧倒的な優位性が薄れつつあるいま、個人が再び主役の座を取り戻そうとしている。個人に活動の場を与え、サポートするインフラ型組織こそ組織の原点に立ち返るものであり、デジタル化の進行とともに、ごく普通の組織形態として広がっていくのではなかろうか。当然ながらそれは組織間の関係にも波及し、下請など上下の力関係にもとづく構造もいずれ崩れるに違いない。

以上、企業組織を前提に述べてきたが、それはほかの主な公式組織（目的集団）にも当てはまる。第1章、第3章で取りあげた芸能事務所、プロスポーツ組織、それにＰＴＡ、町内会、学校などにもインフラ型の考え方や理念は応用できるはずだ。

たとえば大学も「学びのインフラ」と位置づければ、入学者の選抜にはせいぜい学ぶ力があるかどうかを調べる資格試験だけを課せばよいし、学生はオンラインで世界中の講義を受けられるようにすればよい（現に日本でもそのような大学が誕生しようとしている）。

哲学者のI・イリッチはかつて、「最も根本的に学校にとって代わるものは、一人一人に、現在自分が関心をもっている事柄について、同じ関心からそれについての学習意欲をもっている他の人々と共同で考えるための機会を、平等に与えるようなサービス網といったものであろう」（I・イリッチ『脱学校の社会』東洋・小澤周三訳、東京創元社、一九七七年、四四頁）と述べている。半世紀たったいま、それが現実的なものとしてクローズアップされつつあるといえよう。

2 「個立」する時代

デジタル化で広がる自営型の働き方

つぎに人々の働き方に焦点を移してみよう。

組織の形態と、個人の働き方、活動の仕方は表裏一体の関係にある。したがって組織の形態が変わると、個人の働き方、活動の仕方も変わってくる。正確にいえば、組織の変化によって個人の働き方や活動の仕方が決まるという一方向の因果関係だけではない。一人ひとりが、より人間らしく、より意欲と能力を発揮でき、社会にもより大きな恩恵をもたらすような働き方、活動の仕方を追求し、それに適した組織が構想されるという方向性もある。

新たな時代の働き方、活動の仕方は、これまでとどこが違うのか?

話を複雑にしすぎないため、働くことに絞ってみよう。

前掲の図4－1で示した組織の形態は、働き方と対応している。まず欧米式のピラミッド型組織は、欧米企業の典型的な働き方である「職務主義」、濱口桂一郎の命名による「ジョブ型」(濱口桂一郎『新しい労働社会—雇用システムの再構築へ』岩波新書、二〇〇九年)の働き方が対応する。一人ひとりの職務が明確に定義され、職務内容や必要な資格・能力、給与額などが職務記述書に記載される。また原則として本人の意思に反した異動や転勤はなく、仕事の専門性を軸にして組織横断的にキャリアが形成される。

いっぽう共同体型組織における働き方は、いわゆる日本的雇用、濱口の分類では「メンバーシップ型」(同前)と調和する。一人ひとりの職務は必ずしも明確でなく、課や係といった集団単位でこなす仕事が多い。また配属や異動は会社(人事部)主導で行われ、雇用保障が厚い代わりに、仕事内容は本人の希望どおりになるとはかぎらない。

そしてインフラ型組織に対応する働き方は、雇用されているか否かにかかわらず個人がなかば自営業のように、ある程度まとまった仕事をこなす「自営型」（拙著『「自営型」で働く時代―ジョブ型雇用はもう古い！』プレジデント社、二〇二三年）である。なお自営型には医師や研究者、弁護士などのプロフェッショナルも含まれる。

日本は高度成長期まで自営業の就業者数が雇用労働者の数を上回るなど、もともと自営業がなじみやすい風土が備わっている。そこへいま、新たな形で自営型の働き方が広がろうとしているのだ。

前述したように、デジタル化によって組織の境界が崩れ、インターネットをとおして仕事を発注したりチームを組んだりするようになると、雇用労働者と自営業・フリーランスとの境界はあいまいになる。いずれは単なる便宜的な区分に過ぎなくなるかもしれない。

すでに大企業の業務の一部を自営業者に発注するケースが増えているし、コロナ下に社員をリモートで働かせたのを機に、本人の同意のもとで就業形態を雇用から業務委託に切り替えたケースも少なくない。また業種や職種によっては、独立した元社員とネットワークをつくり事業を拡大するというビジネスモデルができあがっている。卒業生を意味する

「アルムナイ」制度もその一つだ。

いっぽうでは企業に雇用されながら、自営業のようにまとまった仕事をこなす人（「自営型社員」と呼ぶ）も増加している。背後にあるのは、やはりデジタル化の影響である。周辺業務をアウトソースしたり、デジタルツールを活用したりすることで個人の守備範囲が広がり、従来なら組織や集団で行っていた仕事を一人でもこなせるようになった。

例をあげると、ある製薬会社の営業では、以前はがんや糖尿病など領域別に担当が決められ、一つの医療機関を三、四人が受け持っていたが、「ワトソン」というＡＩを活用して最新の論文を読み、担当エリアの売り上げや他社の情報も得られるようになったので、エリアごとに一人で受け持つことができるようになった。中小企業のなかにはネット上で無料のクラウドサービスを利用しながら、一人で間接部門の業務をすべてこなしているケースもある。

またテレビカメラで商品棚の売れ行きを確認して、一人でバックヤードから陳列までこなすようになった小売店や、家のリフォームにおいて複数の工程を一人で進捗管理している建築会社もある。

製造現場でも、一人で製品を丸ごと組み立てられる領域が広がっている。二、三〇年前からパソコンのプリンターやファクシミリなどを熟練作業者が一人で組み立てる、「一人生産」（「一人屋台」とも呼ばれる）方式を取り入れる企業が存在したが、熟練するまでに時間がかかるうえ、比較的工程の少ない製品しか扱えないといった欠点があった。しかしセンサーでミスをチェックしたり、作業者がインターネットで直接材料を発注したりできるようになったため、複雑で工程の多い製品でも一人で組み立てられるようになったのだ。

「自営型」は日本企業、日本社会になじみやすい

ところで、一九八〇年代から九〇年代にかけて、日本では「ベンチャーブーム」と呼ばれた時期があったのを覚えている人もいるだろう。当時は会社のなかで社員が起業し、それを会社が金銭的にサポートしたり、会社の設備を使用させたりする「社内ベンチャー」制度も流行した。ソニーのプレイステーションやリクルートのホットペッパーなどは社内ベンチャーの成功例として知られている。

この社内ベンチャーも、自営型社員の一形態である。しかし、やがてベンチャーブームが下火になり、社内ベンチャーも大きくは広がらなかった。それはリスク回避的な企業風土に加え、チャレンジが「得」にならない人事制度や、階層や序列優先の組織構造が大き

な原因だったといわれる。すなわち共同体型組織の存在が制約になっていたわけである。また当時はデジタル技術も黎明期だったため、ビジネスで成功するチャンスも今日ほど多くなかった。そのことを考えたら、組織をインフラ型に設計し直し、現在のデジタル技術を活用するだけでも、社内起業家として活躍できる可能性は高くなっているはずである。

意外に思われるかもしれないが、少し見方を変えると自営型社員もまた日本企業にはなじみやすいと考えられる。日本企業では人事部主導のもとで社員の配属・異動が決まり、仕事は上司から割り当てられることになっている。しかし、これはあくまでも建前である。実際には多くの企業現場において、個人の能力や意欲に応じて仕事が受け持たれていた。また本人が「このプロジェクトを任せてほしい」とか「あの仕事もやりたい」と自発的に申し出ると、できるだけ本人の意思を尊重しようという柔軟性があった。

製品を開発した社員が営業やマーケティングまで行ったり、店の販売員が店舗の運営まで任されたりするようになった例は数多い。とくに中小企業では、いまでも一人でまとまった仕事を受け持つのはむしろ普通だといえる。そして大企業でも一定の経験を積むと得意とする分野がおのずと決まっていき、「材料屋」「電気屋」「労務屋」などと呼ばれ、文字どおり自営業者のようにその分野の仕事なら何でもこなせるようになったものだ。

そして一人ひとりの能力に応じて受け持つ仕事の大きさや難易度が決まり、チームがつくられる。その面でも柔軟性があった。

ところが近年の傾向として、仕事の配分にしてもチームワークにしても、かつての柔軟性が失われ硬直化・形式主義化してきているという指摘がある。ジョブ型雇用の導入などはその傾向に拍車をかけているようだ。いずれにしても硬直化、形式主義化はポスト工業社会という時代の趨勢にむしろ逆行するものといえよう。さらに、もともと日本企業では個人の貢献度が見えにくく、報酬との結びつきも強いとはいえなかった。

これらの点を改善し、仕事の分担からキャリア形成まで個人の主体性を尊重すれば、実質的に自営型の働き方に近づくはずである。

受け身の働き方からの転換でパフォーマンスもアップ

いっぽう海外の企業では、以前から自営型の働き方が日本国内以上に広がりを見せている。世間では欧米企業の働き方といえば「ジョブ型」雇用という既成概念がある。たしかに現場の第一線で働く社員は典型的なジョブ型が一般的だ。しかしホワイトカラー、とりわけ上位の役職に就くほど、まとまった仕事や特定のミッションを受け持つスタイルが主流になる。たとえば他社とのジョイントベンチャーを推進すること、商品の売り上げを三〇%アップさせること、といった内容だ。あるいは担当領域の業務を丸ごと任されているケースも多い。

オーストラリアに拠点を置くあるメーカーの人事部を例にとると、その会社では社内に人事のコンサルタントを複数抱えていて、それぞれが社内の各部門を受け持っている。各自が担当部門の採用支援や苦情処理など、すべてこなすことになっているという。また中国のベンチャー型企業では、営業担当者が数人しかいないにもかかわらず、ヨーロッパ担当、アメリカ担当、日本担当というように分けられていて、一人ひとりが地域の営業全般を受け持っている。

製造現場でも、個人が業務の枠を超えてまとまった仕事をこなしているケースが多い。デンマークの補聴器メーカー、オーティコンの製造部門では二〇一六年の訪問時、課長の下に一三七人のプロダクトマネジャーがいた。彼らは現場でどんな技術が開発されているか、販売された製品がどれだけ売れているかを観察するとともに、市場のニーズをくみ取って製品開発に反映させる役割も担う。金銭が絡む場合を除き、プロダクトマネジャーが自分の権限で仕事を進める。同社にかぎらずデンマークの企業では開発技術者が製品化や営業にも携わるのが普通だという。

そもそもメンバーシップ型やジョブ型は、組織から与えられた仕事をこなす受け身の働き方であるのに対し、自営型は仕事の範囲も進め方にも裁量範囲が広く、自ら主体的に仕事をするところに特徴がある。マネジャーの役割も従来のように部下を「管理」することではなく、メンバーの仕事をサポートしたりチームワークを促進したりすることが中心になる。いわゆる「ファシリテータ」の要素が濃くなるわけである。そのため個々のメンバーにとっては、仕事上のみならず働き方の自由度も高くなる。そして自由度の高さが、ワークエンゲージメントや幸福度の高さにつながることが明らかになっている。

実際、日本でもフリーランスのワークエンゲージメントは欧米に遜色がないほど高いという研究結果がある（石山恒貴「雇用によらない働き方におけるワーク・エンゲイジメントの規定要因―雇用者とフリーランスの比較分析」、労働政策研究・研修機構『日本労働研究雑誌』第六三巻第一号、二〇二一年。なおフリーランスに対する調査はフリーランス協会の会員などを対象に行われた）。雇用されていても働き方が自営型になれば、ワークエンゲージメントも高くなるはずだ。

そしてエンゲージメントが高まればイノベーションも生まれやすく、生産性も上がると考えられる。たとえばギャラップが世界の一八万以上のチームを対象に実施した調査によると、従業員エンゲージメント（「ワークエンゲージメント」は仕事に対する積極的な態度を表すのに対し、「従業員エンゲージメント」は組織への帰属意識や仕事に対する満足感などを表すやや広い概念である）が高いチームは、低いチームより販売・生産記録などの生産性、収益性、品質などのパフォーマンスが高いことが明らかになっている（ギャラップ「職場でのエンゲージメントと組織の成果との関係　2024 Q12® メタ分析　第一一版」）。

興味深いことに数人で行っていた仕事を一人で担当するようになってから、数人分の仕事より一人のほうが生産性が上がったという声がしばしば聞かれる。モチベーションのアップに加えて、全体を俯瞰しながら仕事が進められることや、調整のための時間や手間がかからないこと、一緒に仕事をする相手との人間関係に神経を使わなくてもよいこと、個人の能力が無駄なく発揮できることなどが主な理由である。

もう一つ注目すべきなのは、いま日本で課題になっているシニアの活用に道を開く点である。すでに述べたように自営型は個人の能力に応じて柔軟に仕事を伸縮できるし、働き方も融通がきく。そのため、たとえば一定の年齢がきたら自ら独立自営に移り、マイペースで働くことも可能だ。周知のとおり「高年齢者等の雇用の安定等に関する法律」の改正によって、雇用主には七〇歳までの就業機会確保が努力義務として課せられた。そのなかには独立自営など雇用以外の働き方も含まれている。企業と個人双方が納得できる選択肢として自営型が広がる可能性がある。

働く人の意欲（エンゲージメント）や生産性の低迷が続くなかで深刻な労働力不足時代に入った日本にとって、一人で広範囲の仕事をこなし、意欲と生産性の向上につながる働き方への転換は急務だろう。

芸能界、プロスポーツ界も自営型＝インフラ型で

ここで企業以外の組織に焦点を移してみよう。

前述したように芸能事務所やプロスポーツの組織も基本的には目的集団としての性格を鮮明にするべきであり、組織のスタイルは「インフラ型」にシフトしていくことが望ましい。芸能人、選手が「活躍する場としての組織」というイメージである。芸能人や選手の活動の仕方はいうまでもなく自営型であり、組織の役割は彼ら彼女らをサポートすることが中心になる。

ところが芸能界にしてもプロスポーツ（とりわけ団体スポーツ）の世界にしても、日本で

は契約上はともかく、実質的には共同体型組織の一員として扱われるのが普通だった。

たとえば宝塚歌劇団の場合、死亡した団員との関係は雇用ではなく業務委託契約だったといわれる。業務委託契約であれば本来、労働時間や仕事の進め方などは本人の裁量にゆだねられるはずだが、実際は指示に従う立場に置かれていたので労働者と見なされ、労働基準監督署から是正勧告を受けた。

また旧ジャニーズ事務所の性加害は、閉ざされた共同体のなかで長期にわたって続けられ、共同体の厚い壁が告発を妨げてきたという事実がある。いっぽう所属タレントの側に立てば、加害行為と無関係であるにもかかわらず、ジャニーズ事務所に所属するという理由だけで、テレビ番組への出演やCMへの起用を見合わされるという不利益を被った。また以前には芸能事務所による所属タレントの囲い込みが、独占禁止法に触れる可能性があることも公正取引委員会によって指摘された。

そもそもタレントが芸能事務所に所属することのメリットとして、事務所がタレントを世間の圧力から守ってくれることがあった。しかし昨今、問題を起こしたタレントに対する世間の風当たりが強くなるにつれ、批判の矛先が事務所に向かうのを恐れてか、事務所側が先手を打ってタレントとの契約を解除したり、マスメディアなどへの出演を自粛させたりするケースが目立ち始めた。そうなるとタレントにとって、現在のような形で事務所に所属することは制約が大きいいっぽう、メリットは小さいといわざるを得ない。

よく知られているように、タレントと組織との関係は日米間で大きな違いがある。日本の大手芸能事務所とタレントとの関係は専属マネジメント契約で、事務所はタレントの育成からプロモーション、スケジュール管理まで包括的に行う。それに対しアメリカではタレント周りの仕事が細分化されていて、タレント本人がエージェントやマネジャー、パブリシスト、アシスタント、弁護士などをそれぞれ雇うことになっている（星野陽平『増補新版 芸能人はなぜ干されるのか？──芸能界独占禁止法違反』鹿砦社、二〇一六年、二五四頁）。

プロスポーツの世界でも、日本とアメリカは対照的である。たとえば日本のプロ野球では球団側が、選手のエージェント（代理人）を弁護士に限定している。それに対してアメリカでは資格が弁護士に限定されておらず（G・M・ウォン、川井圭司『スポーツビジネスの法と文化──アメリカと日本』成文堂、二〇一二年、二五〇頁）、実際にメジャー選手は個人で代理人や会計士、マーケティングの専門家などと個別に契約を結んでいる。

要するにタレントにしてもプロスポーツ選手にしても、日本では企業と同じような組織のなかに囲い込まれているのに対し、アメリカではタレントや選手が組織をインフラとして利用しているイメージに近い。あくまでもタレントや選手が主体なのだ。

ところで、このようにタレントや選手が独立して活動するうえでは、やはりバックにある組合の存在を見過ごすことはできない。アメリカの芸能界では、タレントの労働組合が長い歴史を有しており、会社からの一方的な契約破棄を禁じたり、タレントとエージェントとの取引関係を調整したりするなど、幅広くタレントの権利を擁護してきた（前掲、星野『芸能人はなぜ干されるのか？』）。

野球の場合も同様で、アメリカではメジャーリーグベースボール選手会が存在し、選手の契約交渉からトレードなどに影響力を行使して、たびたびストライキを起こすなど、日本のプロ野球選手会と比べてもはるかに強い力を持っている。

こうして見ると自営型で活動するうえで、組合もまたインフラ型組織として重要な役割を果たしていることがわかる。その点ではインディペンデントコントラクターのように、会社と契約しながらフリーランスとして働く人たちが、同業組合のサポートを必要としているのと同様である。

さらに今後の課題として、フリーランスを保護するための法制度や社会保障、各種支援制度を充実させるなど、これまで雇用労働者に厚いといわれた日本社会のセーフティネットを、あらゆる働き方、活動の仕方に対応できるよう広く張り直す必要がある。

アマスポーツ、職場、学校は活動ごとに分ける

その他の組織についても触れておこう。

まず〈官僚制型〉に分類した自民党の派閥は、当然ながら従来のような形で復活するのは望ましくない。しかし自民党だけで国会議員が数百名にのぼる以上、何らかの形でグループ化することは避けられないだろう。その際には共同体的な要素を排除し、政策を議論する目的集団として機能させる必要がある。それでも徐々に「利益共同体」化しかねないことは、過去の歴史が物語る。

過去の轍（てつ）を踏まないための一つの工夫は、各議員が複数のグループに属するように制度化することだ。いわゆる「多元的帰属」である。議員にとって複数のグループに所属することで利害の共通性が小さくなり、特定グループへの従属や一体感は薄れる。それは結果として議員個人の自由度とプレゼンスを高めることにつながるはずだ。

現在の選挙制度を前提にした場合でも、たとえば政策面で考え方が一致するグループ、出身母体が共通するグループ、当選回数別のグループなどを結成しやすいよう党として支

援すれば、おのずと各議員の「多元的帰属」が進むだろう。また総裁選挙への立候補に必要な推薦者の人数を少なくしたり、党員票のウエイトを高めたりすることも、特定グループへの依存を小さくすると考えられる。

〈伝統墨守型〉の宝塚歌劇団や相撲部屋については、いずれも伝統の継承を使命とするため、大胆に改革のメスを入れようとしても限界がある。またアマスポーツの組織、それに身近な組織のなかで取りあげた職場や学校は、連帯感や共感といったつながり、情緒的要素を育むことも重視される。

それでも「空洞化」による弊害を除去するためには何らかの手を打たなければならない。その際、カギになるのは活動や役割を「分ける」こと、すなわち異質な要素を混在させる共同体型組織のロジックとは逆の方向性を追求することである。

いくら伝統を持ち出しても不正や暴力が許されるはずはない。そこで宝塚歌劇団や相撲部屋の場合、密室での不祥事を防ぐには、企業の内部告発に準じた通報制度を取り入れるべきだろう。また小さな集団のなかでの固定的な人間関係がいじめやパワハラの温床になったことを考えると、一定条件のもと、メンバーが組や部屋を移る権利を認めるべきだろう。

たとえば大相撲の場合、プロ野球のように入門後三年ないし五年たった力士にＦＡ（フリーエージェント）権を認めるとか、一定年数で関取（十両以上）に上がれない力士には協会が部屋の移籍を促すといった改革が考えられる。

いっぽう大学の運動部のようなアマスポーツの組織や、身近な職場、学校などについては、活動や場面ごとに目的集団と基礎集団にある程度分けることができる。きわめて平凡な表現をすれば、「公私の使い分け」である。

かつて「ミスターラグビー」の異名を取り、日本のラグビー界に「革命」を起こした故平尾誠二さんは、一貫して個人を尊重するリーダーシップを追求した。たとえば彼が神戸製鋼の主将に就いたときには、選手一人ひとりに生活があることを考えて全体練習は週三日、一日二時間程度と大幅に減らした。すると練習での集中力が増し、チームの結束力も目に見えて強まったと語っていた。それが神戸製鋼の日本選手権七連覇という偉業にもつながったのだろう。

最近は中学校や高校の部活も、曜日や時間を限定して効率的に活動しようとするところが増えているし、部活中心の生活が珍しくなかった大学の運動部でも、近年は授業や社会生活との両立を重視する傾向が見られる。部活がほかの生活領域を侵食しないように分けているのである。

職場のあり方も、目指すべき方向は同じだ。いうまでもなく仕事をすることは目的集団としての役割であり、同僚とのつきあいや日常的なコミュニケーションは基礎集団としての役割である。それを切り離す、すなわち公私を分けることによって不満や不都合を減らせるはずだ。

例をあげよう。若年層を中心に職場での飲み会や新年会、忘年会などのイベントに参加したがらない社員が目立つようになった。なかには「飲み会に参加したら残業手当がつくのか？」と聞いてくる者もいるという。嫌なら参加しなければよいはずだが、参加しないと、もしかしたら人事評価に響くのではないかという不安が拭えないことに加え、共同体型組織特有の同調圧力が働くため断りづらいようだ。

どう変えればよいか？　まず「人事評価に響くのではないか」という不安が生じる原因の根底にあるのが、態度や意欲などに注目する情意考課や、最終的に評価者の主観を交えて調整する総合評価などのあいまいさだ。ちなみに情意面の評価が行われているケースは海外にもないわけではないが、日本に比べると比重が低い。

では、なぜ日本企業ではあいまいな評価の比重が大きくなるかといえば、集団での仕事が多いため、一人ひとりの貢献度や仕事の成果を正確に把握できないというところに行き着く。アウトプットで評価できないためインプットで評価するのである。その点、前述した「自営型社員」は一人ひとりの貢献度や成果が見えやすいので、自営型に切り替えれば態度や意欲など情意面の評価はおのずと不要になる。評価を過剰に意識して萎縮することが防げるわけである。

いっぽう周囲の同調圧力を回避するには、だれもが業務外のイベントに参加することを前提にせず、希望者だけメールかウェブで申し込むようにすればよい。いわゆるつきあい残業なども含め仕事上必須でないものは、参加をデフォルト（初期設定）にしないことで無用な摩擦を避けられるはずだ。いずれもキーワードは「分ける」ことである。

さらに個人の能力をいかに組織力に結集していくかという問題も、組織論の中核をなすほど重要なテーマであるが、紙幅の関係から本書では詳しい説明を割愛したい。

ただ少しだけ触れておくと、従来のような組織に対する一体感や忠誠心に代わり、市場メカニズムや社会的要請など組織外部の存在によって個人の志向や行動が誘導され、結果として個人の能力発揮が組織力につながる仕組みが主流になると考えられる。

技術者をはじめとした専門職、営業担当者などを例にとれば、必ずしも会社の方針に賛同じ一丸となった行動を取らなくても、優れた製品を開発したり顧客のニーズに応えたりすれば、結果として会社の目的や利益にも合致する。要するに組織と個人双方のベクトルが、市場という外部の存在によって統合されるわけである。そしてこのような統合メカニズム（間接統合）を取り入れている企業のほうが、一体感や忠誠心を重視する従来の方法（直接統合）を用いている企業より、パフォーマンスが高いことが明らかになっている。

なお組織と個人の統合については、別の著書や論文（拙著『プロフェッショナルと組織―組織と個人の「間接的統合」』同文舘出版、一九九三年、同『日本企業と個人―統合のパラダイム転換』白桃書房、一九九四年、同「間接的統合と企業業績」『彦根論叢』第二九五号、一九九五年）などで詳しく述べているので、関心のある方は参照していただきたい。

3 「共同体」から「コミュニティ」へ

まず、下請的業務の返上から

企業をはじめ、芸能、スポーツ、政治などの世界では目的集団としての原点に戻れば、新たな組織像、ならびに組織に対する望ましい関わり方が描けると述べてきた。しかし人間にとって必要なのは目的集団だけではない。目的集団がドライに効率性を追求するいっぽうで、利害や打算を超えた思いや感情、連帯意識などでつながる基礎集団も不可欠である。

前述したように共同体型組織のなかに混在していた基礎集団としての役割を取り出して基礎集団に純化させれば、諸々の不都合をなくせるだけでなく、基礎集団としての本来の役割もいっそう果たしやすくなるはずだ。ここでもキーワードは「分ける」ことである。

そこで、まず前章でも取りあげたPTAと町内会をどのように改革すべきか考えてみよう。

PTAにしても、町内会にしても、目指すべき理想がコミュニティ（基礎集団）であることについて大きな異論はなかろう。なお「コミュニティ」という言葉はさまざまな使われ方がされていて、必ずしも明確な定義があるわけではないが、ここでは「感情や連帯意識で結びついた社会集団」と定義しておこう。

すでに述べたとおり、近年、とくに深刻になっているのがPTA離れ、町内会離れの問題だが、原因の一つは、とくに役員に集中する業務の負担にある。その業務のうち、かなりの割合を占めているのが学校行事の手伝いや行政の末端業務の肩代わりという下請的な仕事、それに連合会などに組み込まれた仕事だ。皮肉な見方をすれば、役員とは組織のリーダーやマネジャーではなく「雑用係」なのである。

「下請」業務は多忙化の一因であるのみならず、主体性を発揮する余地がないので、「やらされ感」をもたらす原因にもなっている。ＰＴＡにしても町内会にしても本来、任意団体であり、自治的組織である。自治的組織が「下請」業務を担う義務はないのだから、まずそれを原則として返上すべきである。

ＰＴＡについては、すでに学校や上部団体からの「下請」業務を廃止したところがあるし、町内会についても戦後の占領下では町内会自体が公式には存在しなかったことを考えても、けっして無理な要求ではないはずだ。当然「元請」側は強く反対し、さまざまな圧力をかけられるだろうが、それを乗り越えなければコミュニティとしての復活はない。

ボランティア化で参加者が増えた

ここで参考までに海外の実態について触れておこう。私は欧米諸国や中国などのアジアの国々を訪ねるたびに、ＰＴＡや町内会に類似した組織が存在するか否かについて聞き取りをしてきた。その結果、ＰＴＡもしくはそれに類する組織は欧米にもあり、地域の自治組織はアメリカにも存在することがわかった。

しかし、日本のＰＴＡや町内会とは異なる点がいくつかある。

まずＰＴＡやそれに類似する組織についていうと、戦後トップダウン式に設立させた日本のＰＴＡとは異なり、そもそも全員加入が前提ではなく、ボランティアすなわち自主参加が原則になっている。役員も立候補制が普通であり、回り持ちや抽選で決めるところは皆無だった。

つぎに町内会については、それと似た組織が一部に存在するものの、あくまでも地域の問題を話し合ったり、行政などに要望したりするのが主業務であり、行政の下請的な役割を担っているケースは見当たらない。当然ながら全戸加入の原則や、役員の半強制的な割り当てといったルール・慣行も存在しない。ちなみに海外の地域組織に詳しい倉沢（前出）によると「世帯単位、自動加入、包括的機能、行政末端補完機能、排他的地域独占、これらの五つの特性をすべて合わせ持つ組織という点では、他に例を見ない」（前掲、倉沢『改訂版　コミュニティ論』一七七頁）。

そして「やらされ感」をもたらす強制性や下請的な業務がないうえに、日本に比べると時間的な負担も少ないので、役員の選任に苦労することは少なく、たいてい立候補で決まるという。なかには自分の意見を反映させたいという思いから、立候補する人が殺到するケースもあるそうだ。

要するに海外におけるPTAや町内会に相当するような組織は、純粋な「コミュニティ」として位置づけられているのである。それが成り立っているのは、自主的な活動に特化していることに加えて、文字どおり自発的な参加によって運営されているからだといえる。したがって日本のPTAや町内会を活かそうとするなら、強制色の濃い旧来の「共同体」と決別し、自主的な活動を行う「コミュニティ」としての位置づけを明確にするべきだろう。

旧来の「共同体」が閉鎖的であるのに対し、「コミュニティ」は前述した「感情や連帯意識で結びついた社会集団」という定義からくる当然の帰結として、内外を隔てる壁は薄く、境界はあいまいになる。たとえばアメリカのPTA（「PTO」〈Parent Teacher Organization の略〉と呼ぶケースが多い）には生徒の親以外の地域住民も参加している。町内会も既存の行政区画にこだわる必要はなく、地域や地域住民のための活動を行うという趣旨に照らせば、地域もメンバーも柔軟に運営すればよい。

またＮＰＯなど既存のＰＴＡや町内会以外の組織が台頭することも期待される。複数の組織が併存するようになれば自然と拘束性が薄れ、人々の多様な意思が活動に反映されやすくなるはずだ。そして負担が大きいだけで魅力のない組織は、おのずと淘汰されていくだろう。

近年はようやく日本でも大都市圏を中心に、ＰＴＡやコミュニティ組織を全員加入制から ボランティア制に切り替えようとする動きが出てきた。ＰＴＡへの加入を任意にしたところ、行事への参加者がかえって増えたというケースも報告されている。「やらされ感」がもともと参加意欲のある人まで遠ざけていた実態がうかがえる。

ここでも強力な改革のツールになっているのがデジタル技術である。ＰＴＡのなかにはクラウドサービスを使って役員どうしがオンラインで情報共有しているところや、会計業務などをアウトソーシングするところが増えている。オンライン化することで負担が減るばかりか、複数の組織に加入しやすくなるというメリットもある。またアウトソーシングすれば不正やミスを減らせるという効果も期待できる。

町内会についても置かれている状況はＰＴＡと共通点が多く、組織改革の方向もほぼ同じだと考えてよい。たとえば役員の活動内容を会員にあらかじめ周知したうえで、立候補制に切り替えた町内会がある。

要するにＰＴＡにしても町内会にしても任意加入、任意参加の原則が徹底されればコミュニティとしての性格を鮮明にすることができ、本来の自治的機能を取り戻せるだろう。ところで共同体型組織の改革を阻んできた原因の一つとして、組織の外に純粋なコミュニティが存在しないという現実があった。したがって草の根レベルで新たなコミュニティを立ちあげるとともに、既存の組織をコミュニティとして育成していくことが望まれる。

前者の例として石山恒貴らは、世代や地域を超えて学び合うコラーニングスペース（弘前市）、会員制コミュニティ農園（茅ヶ崎市）、定年後に山村で地域とゆるくつながるマッチングセンター（長浜市）などを紹介している（石山恒貴編著『ゆるい場をつくる人々――サードプレイスを生み出す17のストーリー』学芸出版社、二〇二四年）。

いっぽう後者として、たとえば同窓会、県人会など「縁」を核にした組織の活用があげられる。ここでも運営のポイントは強制がなく、自発的な参加意欲をかき立てることである。各地のＰＴＡが苦境に陥っているのと裏腹に、同じ保護者のグループでも自然発生的な「おやじの会」が人気を集めているケースが多いのは示唆的だ。

ただ、以上のようにＰＴＡや町内会を根本的に改革するとなると、既存の行事や活動の大幅な削減をともなうので不安に思う人も少なくなかろう。しかし、考えてみてほしい。コロナ下においては大半の行事や活動が中止され、コロナ禍が去った後も復活されないものが存在するではないか。中止によって大きな不都合や不満が表面化したという声はほとんど聞かれない。

学校や家庭も個人を起点に

最後に学校と家庭について触れておきたいところだが、これらはその性格上、組織改革を先行させて論じることができない。教育や家族の理念、すなわちあるべき姿や、それぞれの領域における専門的な分析と議論が大前提になるからである。

たとえば「子どもには学校生活を最優先させるべきである」とか、「家庭は子どものすべてを受け入れなければならない」といった考え方のもとでは、組織改革を論じるのに限度がある。ただ時代の趨勢として、社会的なインフラ整備や支援体制の充実といった外部環境の変化は、徐々に個人化への流れを押し進めると予想される。

AIが人間の能力や活動につぎつぎとって代わる時代にはパターン化できないある種のアナログ的な能力やユニークな発想が重要性を増し、学校内の授業だけでなく外部のさまざまな機会に触れ、挑戦することが大切になる。初等・中等教育の分野では公教育の枠外にあるフリースクールやオルタナティブスクールが存在感を増しているし、個人の能力に応じた進級を可能にすべきではないかという議論もある。また教員の働き方改革から出発したものとはいえ、クラブ活動の運営を地域などに移行させる動きもある。

いっぽう家庭については、共働きの増加、配偶者控除廃止や夫婦別性についての議論、それに離婚率の高まりや同性婚の登場といった現象は、伝統的な家族という共同体の存在感を薄くする。

いずれにしても、これらの変化が意味するところは、個人が学校や家庭に対して受け身で「従属」する必要性を小さくすることである。結果として個々人が、学校や家庭以外のコミュニティに対しても自発的に参加し、複数のネットワークを持てるようになるはずだ。そうなればおのずと伝統的な学校像、家庭像に代わる新たな像が描けるようになるだろう。

おわりに

「日本人は個人としては優秀なのに組織になるとダメだ」

これは海外で広がりつつある新たな「常識」である。二〇二四年のパリ五輪で、柔道、フェンシング、体操など個人競技での活躍と、上位進出の壁を破れなかったサッカーやバレーボールなどチーム競技の好対照が、いっそうその印象を強くしたのかもしれない。あるいはチーム競技でも、大谷翔平をはじめ日本を飛び出した日本人選手が、海外で才能を発揮している姿を思い浮かべる人もいるだろう。いずれにしても日本人をめぐる評価の逆転は、私が以前から指摘していたとおりである。

「組織になるとダメだ」。その原因は、時代遅れになった共同体型組織にあると確信している。共同体型組織を必要とした環境条件が薄れてきた結果、「影」の部分が浮き彫りになったのだ。見過ごせないのは、それが生産性や競争力だけの問題ではないことである。

本書では、その一断面をひもといた。

男性アイドルの供給源として長年、トップの座に君臨し続けたジャニーズ事務所。歴代総理をつぎつぎと輩出した自民党の派閥。業界で確固たる地位を築いてきたビッグモーターやダイハツ工業。それらが相次いで崩壊の危機に陥るさまは、全体に養分が行き渡らなくなった巨木が内側から朽ちていく姿を連想させる。

空洞化した巨木も外からは頑丈そうに見えるので、強風や地震で倒れるまで気づかない。共同体型組織のメンバーもやる気をアピールし、組織のために尽くしているふりをする（「見せかけの勤勉」）ので崩壊の瀬戸際に立たされるまで危機感が共有されない。

しかしジャニー氏の性加害は関係者の間でいわば公然の秘密になっていたわけだし、自民党派閥の裏金づくりには、派閥内からも問題視する声があがっていた。以前から崩壊の予兆はあったのだ。

私たちが属する職場、学校、ＰＴＡ、町内会など身近な組織にとっても、けっして余所事ではない。予兆はすでに表れている。

その一つが自ら行動しない「消極的利己主義」の蔓延だ。働く人の三分の二が「失敗のリスクを冒してまでチャレンジしないほうが得だ」と答えているし、ＰＴＡや町内会にも

「深く関わりたくない」という人が三分の二前後を占める（先に紹介した二〇二二年のウェブ調査の結果）。

さらにギャラップ社の調査（二〇二四年メタ分析）によれば、日本の従業員のうち「エンゲージしている」すなわち自分の仕事と職場に深く関与し、熱意を持つ人はわずか六％と世界最低水準であり、逆に「エンゲージしていない」人が七〇％、「まったくエンゲージしていない」人は二四％に達する。まさに危機的な数字だ。

共同体を樹木にたとえるなら、樹木の養分にあたるのは「自治」意識である。共同体型組織を支えてきた「自治」の精神が薄れてきたいま、組織の崩壊はいつ、どこに訪れても不思議ではない。

その証拠に本書を執筆している間にも、フジテレビなど「はじめに」で触れた事案のほかトヨタグループの連続不正、小林製薬の紅麹（べにこうじ）サプリに関する公表遅れ、自衛隊内での不正やパワハラ、日本郵便の委託業者に対する違約金問題、三菱ＵＦＪ銀行貸金庫多額窃盗等々、共同体型組織の不祥事がつぎつぎと発覚している。もはや日本型組織の底が抜けてしまった感じだ。にもかかわらず、これらのニュースに接しても私たちがさほど驚かなくなったのは、異常な状態を正しく受け止める感覚さえ麻痺（まひ）してしまっているからかもしれない。

　また本書では踏み込んで追究しなかったが「消極的利己主義」が蔓延し、メンバーが共同体にぶら下がるような組織では生産性も上がるはずがないし、競争力も生まれない。実際に日本の国民一人あたりＧＤＰ（国内総生産）を見ると、一九九六年にはＯＥＣＤ加盟国のなかで五位だったが、その後急落し、二〇二三年には二六位と低迷している（日本生産性本部の分析）。国際競争力も一九九二年の一位から低下傾向が続き、二〇二四年には六七の国・地域のなかで三八位にまで順位を落としている（ＩＭＤの調査）。まさに内憂外患である。

　容易に想像できるように、そのような組織は内にいる人たちにとっても幸せだとはいえない。日本人の幸福度（二〇二四年）は主要七か国のなかで最も低い水準に位置するが、幸福感の低さと自由度の実感が関連することを示す分析もあり、共同体型組織特有の束縛や息苦しさが幸福度の低さに影響していると考えられる（詳細は拙著『同調圧力の正体』二一一〜二一二頁を参照）。

　もはや進むべき道は一つしか残されていない。組織内外の構造的な変化の波が止められず、それに適応できない以上、慣れ親しんだ共同体型組織と思い切って決別し、新たな組織の枠組みを構築することこそ必要なのだ。

第4章で提示したインフラ型組織や自立した個人の働き方は、いずれも私が四半世紀前に提示したものである。AIはもちろんインターネットもまだ十分に活用されていなかった当時、世間にはそのような組織や働き方が広がると予想する人は少なかった。しかしデジタル化が想像を絶するスピードで進行した結果、日本国内でも四半世紀前に描いた組織像が新たな装いをまとって姿を現しつつある。

日本的経営における「三種の神器」はいわずと知れた終身雇用、年功序列、企業別組合だったが、こんどはデジタル時代の先陣を切って、自営型の働き方、AIマネジャー、インフラ型組織を「新・三種の神器」として世界に発信してはどうだろう。「組織になるとダメだ」という汚名も返上できるに違いない。

ただ、人間はドライで効率的なシステムのなかだけで幸せに暮らせるわけではない。いっぽうで人間には、仲間との連帯や交流を基礎にしたコミュニティも大切だ。家族や友人をはじめ、さまざまな縁でつながった人たちと共感し、助け合い、親しい関係を保ち続けたい、イベントを楽しみたいという要求は人間本来のものである。そうしたコミュニティがあるからこそ、仕事の世界は徹底的に合理化、効率化できるのだともいえよう。

そこで本来のコミュニティづくりが課題になる。成功のカギはいかに強制性を排し、自発性を呼び起こせるかにかかっている。上部組織から課される下請的な業務を返上し、ボランティア制に切り替えたところ新たな自治意識が芽生え、活動への参加者が増えたというＰＴＡや町内会の改革はその成功例だ。近隣どうしの助け合いや被災地における自発的な支援活動を見ればわかるように、もともと日本社会にはコミュニティが育つ土壌が備わっているのだから。

要するに目的集団も基礎集団も、役割や性質は異なるが求められている方向性は同じなのである。閉鎖的で強制色の強い共同体型組織と対極にある新時代の組織像がそこに見えてくる。

私はこれまで四〇冊ほどの著書（単著）を上梓したが、大学教員という立場を意識してかなり抑制的に書いてきたつもりである。しかし今回は日本の組織に対して棘（とげ）のある表現で批判するいっぽう、思い切って新たな組織像を示した。一歩踏み出す勇気が湧いたのは、集英社新書編集長東田健氏に背中を押されたことが大きい。企画の段階から多くの助言や意見をいただいた東田氏には心より感謝している。

また名前はあげないが、調査研究の過程で貴重な情報を提供していただいた方々には心よりお礼を申しあげたい。本書をとおして読者に早急な組織改革の必要性が伝わったなら、ご厚意に対して少しは報いることができたのではないかと思っている。

二〇二五年　大寒の京都にて

太田　肇

太田 肇（おおた はじめ）

経済学博士。同志社大学政策学部教授。組織論・日本人論の第一人者として、著作は約四〇冊、メディア出演や講演など幅広く活躍している。著書に『「自営型」で働く時代――ジョブ型雇用はもう古い！』『何もしないほうが得な日本 社会に広がる「消極的利己主義」の構造』『「ネコ型」人間の時代 直感こそAIに勝る』『同調圧力の正体』『「承認欲求」の呪縛』など。

日本型組織のドミノ崩壊はなぜ始まったか

集英社新書一二五四B

二〇二五年三月二二日 第一刷発行

著者……太田 肇

発行者……樋口尚也

発行所……株式会社集英社

東京都千代田区一ツ橋二-五-一〇 郵便番号一〇一-八〇五〇

電話 〇三-三二三〇-六三九一（編集部）

〇三-三二三〇-六〇八〇（読者係）

〇三-三二三〇-六三九三（販売部）書店専用

装幀……原 研哉

印刷所……TOPPAN株式会社

製本所……加藤製本株式会社

定価はカバーに表示してあります。

ISBN 978-4-08-721354-6 C0236

Printed in Japan

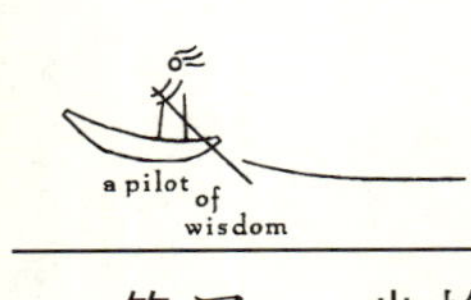

集英社新書　好評既刊

東京裏返し　都心・再開発編
吉見俊哉　1243-B
再開発が進む東京都心南部。その裏側を掘り起こす、七日間の社会学的街歩きガイド。

わたしの神聖なる女友だち
四方田犬彦　1244-B
昭和の大女優、世界的な革命家、学者、作家、漫画家など、各領域で先駆者として生きた女性の貴重な記録。

恋する仏教　アジア諸国の文学を育てた教え
石井公成　1245-C
仏教の経典や僧侶たちの説法には、恋愛話や言葉遊びがいたるところに。仏教の本当の姿が明らかになる。

捨てる生き方
小野龍光／香山リカ　1246-C
仏門に入った元IT長者と、へき地医療の道を選んだ精神科医が語る、納得して生きるための思索的問答。

アメリカの未解決問題
竹田ダニエル／三牧聖子　1247-A
米大統領選と並走しつつ、大手メディアの矛盾や民主主義への危機感、日米関係の未来について緊急対談。

はじめての日本国債
服部孝洋　1248-A
「国の借金」の仕組みがわかれば、日本経済の動向がわかる。市場操作、為替、保険など、国債から考える。

働くことの小さな革命　ルポ　日本の「社会的連帯経済」
工藤律子　1249-B
資本主義に代わる、「つながりの経済」とは？　小さなコモンを育む人々を描く、希望のルポルタージュ。

新聞記者がネット記事をバズらせるために考えたこと
斉藤友彦　1250-F
ネット記事で三〇〇万PVを数々叩き出してきた共同通信社の記者が、デジタル時代の文章術を指南する。

人生は生い立ちが8割　見えない貧困は連鎖する
ヒオカ　1251-B
実体験とデータから貧困連鎖の仕組みを明らかに。東京大学山口慎太郎教授との対談では貧困対策等を検討。

アセクシュアル　アロマンティック入門　性的惹かれや恋愛感情を持たない人たち
松浦　優　1252-B
LGBTに関する議論から取りこぼされてきた、セクシュアリティを通じて、性愛や恋愛の常識を再考する。

既刊情報の詳細は集英社新書のホームページへ
https://shinsho.shueisha.co.jp/